RÉVISION

DES

USAGES LOCAUX

DU

DÉPARTEMENT D'EURE-&-LOIR

CADRE-PROGRAMME

1890-1891

RÉVISION DES USAGES LOCAUX

DU DÉPARTEMENT D'EURE-ET-LOIR

Délibération du Conseil général du 16 avril 1890 :

M. Méritte, rapporteur. — Dans la réunion des sociétés agricoles du département qui a eu lieu à Chartres le 18 janvier dernier, il a été décidé qu'il y avait lieu d'appeler l'attention de l'Administration sur le projet présenté par M. Watrin, docteur en droit, conseiller d'arrondissement à Chartres et avoué près le tribunal de cette ville, et récemment publié sous ce titre : « Etude sur la nécessité de reviser les usages locaux du département d'Eure-et-Loir. »

M. le Préfet a cru devoir appeler sur ces *desiderata* toute l'attention de M. le Ministre de l'Intérieur.

Par une lettre en date du 3 avril courant, M. le Ministre de l'Intérieur, après avoir consulté M. le Garde des Sceaux, informe M. le Préfet qu'il ne voit aucun inconvénient à ce que, dans le département d'Eure-et-Loir, les Commissions cantonales soient seulement chargées d'élaborer des avant-projets qui seraient ensuite contrôlés et codifiés par une Commission ayant son siège au chef-lieu d'arrondissement.

La présidence des Commissions pourrait être, dans ce cas, confiée au Président du tribunal civil.

Votre deuxième Commission, appréciant toute l'utilité de cette revision des usages locaux, a l'honneur de vous proposer d'émettre un vœu favorable et d'inviter M. le Préfet à prendre les mesures nécessaires pour la formation des Commissions cantonales et la préparation du *cadre* de leurs travaux.

Votre Commission est également d'avis qu'il y aura lieu d'organiser des commissions supérieures d'arrondissement pour arriver à la rédaction d'un recueil spécial à chaque arrondissement.

Ces conclusions sont adoptées.

Arrêté de M. le Préfet d'Eure-et-Loir du 18 août 1890 :

Nous Préfet d'Eure-et-Loir,

Chevalier de la Légion d'honneur,

Vu la délibération par laquelle plusieurs Sociétés agricoles, réunies en assemblée plénière à Chartres le 18 janvier 1890, ont appelé l'attention de l'Administration sur un mémoire publié par M. Watrin, avoué à Chartres, ayant pour titre : « Etude sur la nécessité de reviser les usages locaux du département d'Eure-et-» Loir » en lui demandant de prendre, de concert avec le Conseil général, les mesures nécessaires pour réaliser à bref délai, une réforme depuis longtemps désirée et attendue ;

Vu la lettre de M. le ministre de l'Intérieur en date du 3 avril 1890, contenant des instructions concertées avec M. le Garde des Sceaux, en vue de la suite à donner à la requête précitée, et approuvant en principe nos propositions pour la formation :

1° De Commissions cantonales présidées par les Juges de paix ;

2° De Commissions d'arrondissement dont la présidence pourrait être confiée au Président du tribunal civil ;

Vu la délibération en date du 16 avril 1890, par laquelle le Conseil général d'Eure-et-Loir a émis un vœu conforme à celui des Sociétés agricoles et donné son assentiment au projet de formation de Commissions cantonales et de Commissions d'arrondissement ;

Vu la circulaire adressée par M. le Procureur général à MM. les Procureurs de la République pour les prier de donner des instructions aux Juges de paix de leur ressort relativement au concours qui leur serait demandé pour la réforme dont il s'agit ;

Vu les propositions de MM. les Juges de paix :

Attendu qu'il y a lieu de désigner en premier lieu les Commissions cantonales ;

Arrêtons :

ART. 1er. — Il est institué dans tous les cantons du département, sous la présidence de MM. les Juges de paix, des Commissions spéciales chargées d'étudier la révision des usages locaux et d'élaborer un projet qui sera soumis ensuite à des Commissions supérieures d'arrondissement en vue de la coordination et de l'unification des règles coutumières dans chaque circoncrsiption.

ART. 2. — Ces Commissions sont composées ainsi qu'il suit :

Auneau (Canton). — MM. Le Juge de paix, *Président*. — Emile Labiche, sénateur. — Vinet, sénateur, maire de Garancières-en-Beauce. — Milochau, député, maire de Béville-le-Comte. — Cintract, conseiller d'arrondissement, maire de Roinville. — Baudon, adjoint au maire de Sainville. — Bourdin, notaire, au Gué-de-Longroi. — Bourgeois, notaire de Denonville. — Genet, maire de Francourville. — Isambert (Emile), cultivateur, à Brez. — Lamé, notaire, à Béville-le-Comte. — Lefebvre, notaire honoraire, à Auneau. — Lhopiteau, maire de Saint-Léger-des-Aubées. — Marie (Emile), régisseur à Baronville. — Milochau, Jules, cultivateur au Luet, commune de Béville-le-Comte. — Paragot, Maire d'Auneau. — Pizot, notaire à Sainville. — Renault, notaire, à Auneau.

Chartres-Nord & Chartres-Sud (Canton de). — MM. Régnier, Juge de Paix, *président*. — Tirant, juge de paix. — Noël Parfait, député. — Bourgeois (Henri), conseiller général. — Alleaume, conseiller général. — Béthouart, conseiller d'arrondissement. — Vauglin, conseiller d'arrondissement. — Bourgine, ancien huissier, à Chartres. — Bourgoin, géomètre, à Chartres. — Boutet, maire de Chartres. — Cintrat, maire de Coltainville. — Croullebois, meunier, maire de Jouy. — Damiot, ancien président du tribunal de commerce. — Dramard, cultivateur, maire de Prunay-le-Gillon. — Egasse, cultivateur, conseiller municipal de Chartres. — Fessard, notaire à Chartres. — Foreau, maire de Lucé. — Fournier, notaire, à Chartres. — Ganot, ancien notaire, conseiller municipal de Chartres. — Isambert, maire de Sours. — Lelong (Albert), secrétaire du Comice agricole de Chartres. — Lelong (Julien), suppléant du juge de paix. — Martin, ancien avoué à Chartres. — Maunoury, maire de Luisant. — Ménager, cultivateur, maire de Fresnay-le-Gilmert. — Tachot, maire de Thivars.

Courville (Canton de). — MM. le Juge de paix, *président*. — Pelé, conseiller général. — Létang, conseiller d'arrondissement. — Besnard, maire de Pontgouin. — Blanchard, cultivateur à Saint-Luperce. — Cabaret (Rose), cultivateur, maire de Billancelles. — Chantard, propriétaire à Courville. — Charpentier, maire de Courville. — Georget, notaire, à Courville. — Lebrun, cultivateur à Saint-Germain-le-Gaillard. — Minard, propriétaire à Pontgouin. — Pérot, maire de Fontaine-la-Guyon. — Thirouin, maire de Saint-Germain-le-Gaillard.

Illiers (Canton d'). — MM. le Juge de paix, *président*. — Prieur, conseiller général, maire de Bailleau-le-Pin. — Benoist, conseiller d'arrondissement, maire de Chauffours. — Buisson, maire de Charonville. — Gatineau, adjoint au maire d'Illiers. — Legros, maire de Meslay-le-Grenet. — Lesieur, chaufournier, entrepreneur de bâtiments à Illiers. — Loureau, maire d'Illiers. — Montmarché, suppléant de juge de paix. — Pipereau, maire d'Ermenonville-la-Grande. — Royneau, maire de Luplanté.

Janville. (Canton de). — MM. le Juge de paix, *président*. — Clichy, conseiller général. — Piqueret, conseiller d'arrondissement. — Billard, maire de Gommerville. — Doret, cultivateur à Bonvillette, commune de Fresnay-l'Évêque. — Guyon, maire de Gouillons. — Herbert, notaire à Janville. — Lambert, directeur de la sucrerie et maire de Toury. — Lemaire, propriétaire, à Janville. — Richard, maire de Santilly. — Viollette, maire de Janville.

Maintenon (Canton de). — MM. le Juge de paix, *président*. — Corbière, conseiller général. — Hautefeuille, conseiller d'arrondissement. — M. Benoist, maire de Gas. — Bunout, cultivateur, ancien maire à Pierres. — Cousin, maire de Montlouet. — Goussard, suppléant de juge de paix, à Gallardon. — Lebert, meunier, maire de Bailleau-sous-Gallardon. — Leboulanger, maire de Droue. — Ledru, géomètre à Epernon. — Loison, maire de Chartainvilliers. — Noue, propriétaire suppléant de juge de paix, à Maintenon.

Voves (Canton de). — MM. le Juge de Paix, *président*. — Collier-Bordier, conseiller général. — Gommier, conseiller d'arrondissement, maire de Boncé. — Chaussier, maire d'Ouarville. — Desforges, maire de Fains-la-Folie. — Deshayes, maire d'Allonnes. — Dreux, maire de Germignonville. — Michau, géomètre, à Voves. — Petit, notaire, à Voves. — Popot, maire de Villeau. — Popot, maire d'Ymonville. — Rabourdin, maire de Voves. — Roussille, cultivateur, président du Comice agricole de Chartres.

Bonneval (canton de). — MM. le Juge de Paix, *président*. — Jouanneau, conseiller général, maire de Bonneval. — Loride, conseiller d'arrondissement. — Carré, conseiller d'arrondissement. — Connay, cultivateur, maire de Vitray-en-Beauce. — Doullay, notaire à Bonneval. — Gouache, ancien maire de Sancheville. — Guérin, cultivateur à Plancheville, commune du Gault-Saint-Denis. — Lepage, cultivateur, à Acclainville, commune de Sancheville. — Lhomme, cultivateur, adjoint au maire d'Alluyes. — Templier, usinier et cultivateur, à Vouvray, commune de Bonneval. — Torlet, huissier à Bonneval. — Vincent, cultivateur, à Morsans, commune de Neuvy-en-Dunois.

Brou (Canton de). — MM. le Juge de Paix, *président*. — Salmon, conseiller général. — Hubert, conseiller d'arrondissement. — Lamirault, conseiller d'arrondissement à Dangeau. — Baudin, industriel, ancien maire de Brou. — Béalé, maire de Brou. — Chapon, cultivateur, maire de Dampierre-sous-Brou. — Delavallée, cultivateur, à Duan, commune d'Yèvres,

— Galerne, cultivateur à la Tricherie, commune d'Unverre. — Lamirault (Jules), cultivateur à Mézières-au-Perche. — Langlois, notaire à Dangeau. — Marchand, cultivateur, à la Brouarderie, commune d'Unverre. — Mercier, cultivateur, à Bois-Saint-Père, commune de Gohory.

Châteaudun (Canton de). — MM. le Juge de paix, *président.* — Isambert, député, maire de Saint-Denis-les-Ponts. — Louis (Pascal), conseiller général. — Foisy, conseiller d'arrondissement. — Gouin-Dabout, propriétaire à Châteaudun· — Guillotin, président de la chambre des avoués, à Châteaudun. — Huet, cultivateur, adjoint au maire, à Lanneray. — Lecourbe, ancien clerc de notaire, à Saint-Denis-les-Ponts. — Leroy, ancien suppléant de Juge de paix, à Châteaudun. — Lucas, président de la Chambre des Notaires, à Châteaudun. — Moisant, ancien conseiller général, à Châteaudun. — Raimbault, cultivateur, maire de Logron.

Cloyes (Canton de). — MM. le Juge de paix, *président.* — Méritte, conseiller général. — Michou, conseiller d'arrondissement. — Fouchard, conseiller d'arrondissement. — Barrault, cultivateur, à Ancise, commune de Douy. — Canot, père, ancien cultivateur, à Courtalain. — Garnier, cultivateur, à la Ferté-Villeneuil. — Hue, vigneron, conseiller municipal, à Montigny-le-Gannelon. — Isambert, greffier de paix, à Cloyes. — Marcault, ancien cultivateur, conseiller municipal, à Châtillon. — Paré, propriétaire, conseiller municipal, à Cloyes. — Ricois, cultivateur à la Flécherie, commune de Romilly-sur-Aigre.

Orgères (Canton d'). — MM. le Juge de paix, *président.* — Valen, conseiller général. — Masson, conseiller d'arrondissement. — Fauconnier, notaire à Orgères. — Fouquet, cultivateur, maire de Loigny. — Guillon, conseiller municipal, à Orgères. — Hurault, maire de Courbehaye. — Lamé, propriétaire, à Courbehaye. — Lejeune, apiculteur, à Terminiers. — Mercier, cultivateur, à Bazoches-en-Dunois. — Pousse, maire de Péronville.

Anet (Canton d'). — MM. le Juge de paix, *président.* — Planès, conseiller général. — Castel, conseiller d'arrondissement. — Beillard, conseiller d'arrondissement. — Bardet, maire d'Anet. — Desorges, propriétaire, à Anet. — Durvye, propriétaire, à Bû. — Egasse, propriétaire, maire de Broué. — Gasselin, propriétaire, maire d'Abondant. — Laverge, greffier de paix, à Anet. — Leplat, propriétaire, maire de Serville. — Pelletier, propriétaire, maire de Saint-Lubin-de-la-Haye. — Roy, notaire à Anet.

Brezolles (Canton de). — MM. le Juge de paix, *président.* — Renard, conseiller général. — Fleury, conseiller d'arrondissement. — Caillé, maire de Saint-Rémy-sur-Avre. — Caillé-Potin, maire de Laons. — Deniau, huissier à Brezolles. — Deshayes, maire de Crucey. — Fleury, propriétaire à la Mancelière. — Glatigny, notaire à Brezolles. — Pied, (Prosper), propriétaire à Montigny-sur-Avre. — Pie, propriétaire, à Brezolles, suppléant du Juge de paix. — Pizot, cultivateur, à Saint-Lubin-des-Joncherets. — Toutain, maire de Brezolles.

Châteauneuf (Canton de). — MM. le Juge de Paix, *président.* — Pierre, conseiller général. — Fleury, conseiller d'arrondissement. — Caillé, propriétaire à Châteauneuf, trésorier du Comice agricole de Dreux. — Dubesset, maire de Saint-Maixme-Hauterive, vice-président du Comice agricole de Dreux. — Garnier, cultivateur, maire d'Ardelles. — Lenormand, maire du Tremblay-le-Vicomte. — Létang, notaire, suppléant du Juge de Paix. — Martin, cultivateur à Villiers, commune de Thimert. — Morize, cultivateur, maire de Theuvy-Achères. — Thiérée, ancien Conseiller général, cultivateur à Thimert.

Dreux (Canton de). — MM. le Juge de Paix, *président.* — Terrier, député, conseiller général. — Bonnet, conseiller d'arrondissement. — Fortin, conseiller d'arrondissement. — Barre, meunier, président du tribunal de commerce de Dreux. — Boucher, fondeur, maire de Saulnières. — Bourgeois, propriétaire, maire de Garancières-en-Drouais. — Dalloyau, vigneron et cultivateur, maire de Mézières-en-Drouais. — Dramard, cultivateur à Marville-Moutiers-Brûlé, vice-président du Comice agricole de Dreux. — Lamiray, conducteur des Ponts-et-Chaussées en retraite à Dreux. — Nicourt, maire de Tréon. — Rousseau, Maire de Marville-Moutiers-Brûlé. — Touraille, cultivateur à la Mésangère, commune de Chérisy. — Vigneron, cultivateur, conseiller municipal à Dreux.

Ferté-Vidame (Canton de la). — MM. le Juge de Paix, *président.* — Rayer, conseiller général. — Prat, conseiller d'arrondissement. — Bredin, notaire à Boissy-le-Sec. — Dubois, propriétaire maire de Rohaire. — Guille, maire de Morvilliers. — Levieux, ancien greffier, suppléant de Juge de Paix. — Oudin, régisseur à Boissy-le-Sec. — Villette, propriétaire, maire de La Chapelle-Fortin.

Nogent-le-Roi (Canton de). — MM. le Juge de Paix, *président.* — Mesquite, conseiller général. — Bloch, conseiller d'arrondissement. — Benoist, agriculteur à Cloches, commune de Boutigny. — Desvaux, géomètre à Villemeux. — Gastel, cultivateur à Saint-Martin-de-Nigelles. — Hache, cultivateur à Néron. — Laroche, secrétaire de mairie à Nogent-le-Roi. — Maria fils, agriculteur à Saint-Laurent-la-Gâtine.

Senonches (Canton de). — MM. le Juge de Paix, *président.* — Pron, conseiller général. — Foureaux, conseiller d'arrondissement. — Chouet (Emile), maire de Senonches. — Chouet (Louis), ancien cultivateur à Jaudrais. — Delorme, cultivateur et maire de Feuilleuse. — Hatey, maire du Mesnil-Thomas. — Laleu, maire de Digny. — Lauzeray, cultivateur à Louvilliers-lès-Perche. — Malherbe fils, cultivateur à Dampierre-sur-Blévy. — Marais, ancien cultivateur à La Puisaye. — Pitou, greffier de la Justice de Paix. — Pommard-Blondeau, ancien cultivateur à la Framboisière.

Authon (Canton d'). — MM. le Juge de Paix, *président*. — Mercier, conseiller général. — Martin-Fortris, conseiller d'arrondissement. — Castillon de Saint-Victor, conseiller d'arrondissement. — Beaudoin, maire d'Authon, suppléant de juge de Paix. — Gariel, notaire honoraire à la Bazoche-Gouet. — Huet, cultivateur, maire des Autels-Villevillon. — Martin, notaire à Authon. — Reigneau, ancien notaire, agriculteur à Miermaigne, chevalier du Mérite agricole. — Rigot, cultivateur, maire de Saint-Bomert, chevalier du Mérite agricole. — Rousseau, greffier de la Justice de Paix.

La Loupe (Canton de). — MM. le Juge de Paix, *président*. — Blot, conseiller général. — Rousseau, conseiller d'arrondissement. — Lelièvre, conseiller d'arrondissement. — Aubry, propriétaire, suppléant de Juge de Paix. — Coignard, géomètre-expert. — Garnier, cultivateur, ancien conseiller général à Fontaine-Simon. — Rousseau, maire de Champrond-en-Gatine. — Sagot, maire de Belhomert. — Sutter, ancien huissier à La Loupe.

Nogent-le-Rotrou (Canton de). — MM. le Juge de Paix, *président*. — Deschanel, député. — Gouverneur, conseiller général. — Tirard, conseiller d'arrondissement. — Tournet-Desplantes, conseiller d'arrondissement. — Durand, conseiller d'arrondissement. — Boullay-Chaumard, secrétaire de la société Hippique et du Comice agricole à Nogent-le-Rotrou. — Bourgery, ancien notaire, suppléant de Juge de Paix. — Eigenschenck, notaire, suppléant de Juge de Paix. — Fardouet, président de la société Hippique. — Frard, cultivateur, maire d'Argenvilliers. — Garreau, maire de Vichères. — Philippe, receveur des hospices à Nogent-le-Rotrou. — René, huissier à Nogent-le-Rotrou.

Thiron-Gardais (Canton de). — MM. le Juge de paix, *président*. — Truelle, conseiller général. — Philippe, conseiller d'arrondissement. — Cornu, conseiller d'arrondissement. — Frard, cultivateur, maire de Montigny-le-Chartif. — Freulon, propriétaire, cultivateur à Thiron. — Galerne, propriétaire, cultivateur à Frazé. — Marcel, propriétaire, meunier à Montigny-le-Chartif. — Marchais, propriétaire, cultivateur à Nonvilliers-Grand-Houx. — Soupey, propriétaire à Thiron-Gardais. — Souverain, propriétaire, maire de Frétigny.

Délibérations du Conseil général du 19 août 1890 :

M. Gouverneur, rapporteur. — Dans sa dernière session, le Conseil général a invité M. le Préfet à prendre les mesures nécessaires pour la formation de Commissions cantonales, chargées d'élaborer la révision des usages locaux du département, ainsi que pour la préparation du cadre des travaux de ces Commissions.

M. le Préfet rend compte, dans son énoncé, qu'en vertu des autorisations de MM. les Ministres de l'Intérieur et de la Justice, il s'est mis en rapport avec MM. les Juges de paix qui lui ont désigné des candidats pour les Commissions cantonales, et que ces Commissions vont être incessamment constituées.

Le programme qui doit servir de cadre aux travaux de ces Commissions, est lui-même à peu près achevé, de telle sorte qu'après les travaux de la moisson, les Commissions vont pouvoir être utilement convoquées.

M. le Préfet rappelle que les délibérations des Commissions cantonales seront soumises à des Commissions d'arrondissement, et il ajoute qu'il espère être en mesure de nous présenter à la session d'Avril une solution de la question de revision de nos usages.

A cette session, et si, comme on nous le fait espérer, les travaux des Commissons d'arrondissement sont terminés, vous aurez à les comparer entre eux, et à rechercher si, au lieu de quatre recueils, dont un par arrondissement, il ne serait pas préférable de doter le département d'un recueil unique. Nous avons pu constater que d'autres départements ont déjà réalisé cette idée de l'unité du recueil, cette forme qui est avantageuse pour l'énonciation des formules générales se prête d'ailleurs également bien à l'indication des règles exceptionnelles et spéciales à certaines localités.

Cette question est d'ailleurs de forme, pour ne pas dire de format. Elle est en tous cas assez secondaire, et il est bien entendu que la solution en est réservée.

Mais quoiqu'il en soit à cet égard, nous pouvons constater dès à présent que nous sommes à la veille de réaliser, grâce à d'heureuses initiatives, et au concours d'hommes compétents et dévoués, une de ces réformes, essentiellement utiles et pratiques, que nos populations laborieuses placent toujours au premier rang de leurs revendications.

Afin d'abréger les délais de cette importante entreprise, votre Commission émet le vœu que, par les soins de l'Administration préfectorale, chacun des membres des Commissions cantonales reçoive un exemplaire d'une sorte de questionnaire uniforme, véritable *cadre-programme*, qui, en assurant l'unité du travail, en faciliterait la rapide exécution.

Ces conclusions sont adoptées.

OBSERVATIONS PRÉLIMINAIRES

L'étude ci-après a été rédigée en conformité des deux délibérations du Conseil général rapportées plus haut, et elle est adressée, en vertu des mêmes délibérations, à MM. les membres des Commissions cantonales.

Elle n'a, au point de vue des solutions à intervenir, que la valeur d'un simple questionnaire, et elle ne doit influencer en rien les résolutions des Commissions.

Mais celles-ci y trouveront le cadre et le programme de leurs délibérations.

Elles pourront aussi en tirer d'utiles renseignements de nature à faciliter leurs travaux.

Ces renseignements ont été puisés, en grande partie, à la source même des usages écrits, dans les procès-verbaux des Commissions cantonales, qui, en 1845, ont recueilli, pour la première fois, les usages qu'il s'agit aujourd'hui de reviser ; mais on a tenu compte, autant que possible, des modifications profondes que ces anciens usages ont subies depuis près d'un demi-siècle, et que la pratique a révélées, notamment en matière agricole.

Des questions nouvelles, résultant d'usages nouveaux, sont également traitées.

Enfin, sur l'initiative des commissions, d'autres sujets pourront être abordés pourvu qu'il s'agisse de véritables *usages*.

Il n'est pas inutile de rappeler, à cet égard, que l'*usage* proprement dit ne peut résulter de faits isolés, secondaires et exceptionnels, ou dont l'existence serait contestée et incertaine. De tels faits ne sont qu'anomalies ou quantités négligeables, et on ne pourrait leur donner asile dans les recueils d'usages sans nuire à l'unification si désirable des règles que ces recueils sont appelés à consacrer.

L'*usage local*, pour mériter ce nom, doit résulter de faits de nature juridique importants, publics, uniformes et répétés sans contradiction sérieuse pendant un certain temps et sur une certaine étendue.

Il doit, en outre, exister, soit en conformité de la loi, qui, dans bien des cas, prend soin de se référer à l'usage des lieux, soit tout au moins à la faveur du silence de la loi.

Ainsi compris, les usages complètent et continuent la loi et l'œuvre des Commissions consistera à les recueillir et à en préparer la codification.

CADRE - PROGRAMME

CHAPITRE PREMIER

Usufruit (Art. 586, 590 et 593, C. C.)

**§ 1er. *Partage des fruits civils entre usufruitier et nu-
propriétaire* (Art. 586, C. C.)**

1. Les fruits civils des biens loués qui, aux termes de
l'article 586 C. C., s'acquièrent jour par jour, se répartissent,
en fin d'usufruit, en faisant coïncider l'année rurale ou de
fermage avec l'année civile, du 1er janvier au 1er janvier.

Si donc un usufruitier décède le 1er avril 1890, le fermage
afférent à la récolte à faire sera attribué : 1/4 (pour 3 mois) à
sa succession, et 3/4 (pour 9 mois) au nu-propriétaire.

Cet usage est généralement suivi par le notariat du département et l'administration de l'enregistrement l'admet elle-
même couramment.

Il a été consacré dans un jugement du Tribunal civil de
Chartres du 21 août 1875, et déjà en 1845, les usages de Janville en signalaient l'existence.

NOTA. — Cet usage est très rationnel. Bien que la récolte
d'une année sur les trois soles se fasse de juin à septembre,
elle représente néanmoins le produit total de la terre du premier janvier au premier janvier ; et, quant aux travaux préparatoires et d'ensemencement, ils se font au cours des saisons
d'automne et de printemps séparées par le terme moyen du
1er janvier.

§ 2. *Usufruit des bois-taillis et des pépinières* (Art. 590 C. C.)

2. L'usufruitier ne peut exploiter les bois-taillis de chênes
ou essences analogues, dites de bois dur, qu'à l'âge de 9 ans,
et ceux de bois blanc ou de vallée, dits de bois tendre, qu'à
l'âge de 6 ans (?)

Toutefois, s'il existait, avant l'ouverture de l'usufruit, un
aménagement contraire, il faudrait s'y conformer pendant la
durée de l'usufruit.

On réserve ordinairement 32 baliveaux par hectare (Ordon-
nance des eaux et forêts de 1669, du reste abrogée par la loi
du 29 septembre 1791).

2° S'il s'agit d'une pépinière créée pour la vente des sujets,
l'usufruitier peut en tirer des arbres, comme le faisait le propriétaire ; mais à la charge de les remplacer et d'entretenir la
pépinière dans son ancien état.

Si la pépinière ne sert qu'à remplacer les arbres du surplus de la propriété, l'usufruitier doit se conformer à cet usage et en outre replanter les sujets arrachés de façon à entretenir la pépinière sans l'épuiser.

§ 3. *Usufruit des hauts-bois.* — *Emondes* (Art. 593 C. C.)

3. 1º Les arbres de haut jet et de bois dur, tels que chênes, frênes, charmes, ormes et hêtres, plantés sur les terres soumises à l'usufruit et qu'on a l'habitude d'émonder, le sont par l'usufruitier à 9 années (9 feuilles) de repousse des branches.

Les arbres de haut jet appelés bois blancs ou tendres, tels que trembles, peupliers, tilleuls, aunes, bouleaux et saules de toutes espèces, ainsi que les plantations isolées faites le long des chemins sont émondés à 6 ans.

Les baliveaux et modernes ou futaies sur taillis ne sont point sujets à l'émondage.

Les haies maintenues à une certaine hauteur sont taillées selon l'espèce, de bois dur ou tendre, à l'âge de 6 ou de 9 ans, à 1 m. 33 cent. au-dessus du sol, ou à la hauteur des coupes précédentes si on peut la reconnaître.

Quant aux landes ou joncs marins, et genêts, on les coupe tous les trois ans.

Toutes ces opérations doivent être terminées au plus tard le 15 avril.

2º Lorsque l'usufruit comprend des vignes et des bois, l'usufruitier peut néanmoins et en dehors des coupes et des émondages ci-dessus fixés, prendre, soit dans les taillis, soit dans les émondes des hauts-bois, des échalas pour l'exploitation des vignes.

3º Lorsque des saules, peupliers et autres arbres soumis à l'usufruit viennent à dépérir, l'usufruitier et le propriétaire ont réciproquement le droit de les faire abattre après en avoir fait constater contradictoirement l'état. La vente en est faite ensuite et le prix en est payé à l'usufruitier à la charge par lui de donner au nu-propriétaire une garantie suffisante pour assurer la restitution du prix en fin d'usufruit.

CHAPITRE II

Hauteur des murs de clôture (Art. 663 du C. C.)

4. La hauteur des murs de clôture est de 2 m. 50 au-dessus du sol y compris le chaperon dans les villes et faubourgs, où la clôture est obligatoire, ce qui s'étend jusqu'aux villes chefs-lieux de canton.

Partout ailleurs où la clôture est facultative, s'il n'y a entente, chacun se clôt exclusivement sur son terrain ; mais à défaut d'indications contraires, on entend néanmoins par mur de clôture entre deux héritages un mur ayant 2 m. 50 non compris le chaperon.

CHAPITRE III
Distances à observer pour les plantations des arbres et des haies (Art. 671 C. C.)

§ 1er. *Règle générale.*

5. L'ancien article 671 C. C. portait qu'à moins de règlements ou usages formellement contraires on ne pouvait planter qu'à la distance de 2 mètres de l'héritage voisin les arbres à haute tige, et d'un demi-mètre les autres arbres et haies vives.

Le nouvel art. 671 (Loi du 20 août 1881) a remplacé les mots : *arbres à haute tige* par l'expression : *plantations dont la hauteur dépasse* 2 *m.* La distance d'un demi-mètre reste d'ailleurs applicable aux autres plantations. Quant aux arbres en espaliers qui ne dépassent pas le mur séparatif, ils ne sont soumis, en principe, d'après le nouvel art. 671, à aucune distance, pourvu qu'ils ne soient pas appuyés contre le mur s'il n'est pas mitoyen.

§ 2. *Exceptions à la distance de 2 mètres.*

6. 1° Pas de distance, par suite de tolérance réciproque, pour les bois-taillis contigus à une autre pièce également plantée en bois.

Dans le cas contraire, la distance de 2 m. doit être observée.

2° 0 m. 33 cent. seulement pour les saules dans les prairies contiguës.

3° 0 m. 50 cent. pour les arbres d'agrément ou autres que ceux à fruits, à haute tige, formant rideau ou charmilles, si le mur est commun.

4° 1 m. pour les bois blancs ou de vallées, peupliers, carolins, aunes, etc... ainsi que pour les arbres d'agrément ci-dessus formant rideau, si le mur appartient au voisin.

5° 3 mètres pour les chênes, ormes, frênes, acacias (ou robiniers), ainsi que pour les marronniers d'Inde, noyers, trembles de Hollande et autres arbres de même nature pour lesquels l'ancienne distance de 6 m. est aujourd'hui partout considérablement réduite et généralement ramenée à 3 m.

§ III. *Exceptions à la distance de 0 m. 50 cent.*

7. 1° Pas de distance pour les landes et osiers si la pièce voisine est plantée de même; autrement, 0 m. 50 c.

2° 0 m. 16 c. pour les arbres à basse tige, et les haies vives, le long d'un mur commun, pourvu que leur hauteur ne dépasse pas celle du mur.

3° 0 m. 16 c. également pour les nouvelles clôtures en ronces artificielles et ce, afin de ne pas exposer le voisin ou les animaux à être accrochés ou égratignés par les piquants de ces ronces (?). — Tout au moins le fil de fer doit être attaché sur la face intérieure des piquets.

4° 1 m. pour les vignes le long des terres labourables, et 0 m. 33 c. le long d'une autre vigne.

5° 1 m. 50 c. pour les haies en épine noire à raison de ses

racines envahissantes et sans qu'on puisse y employer l'épine-
vinette dont le voisinage passe pour communiquer la rouille
au blé (Conseil général, 2ᵉ session, 1890).

§ 4. *Exception à la faculté de n'observer aucune distance
pour les arbres en espalier.*

8. 1° 0 m. 16 c. si le mur est commun et cela tant pour les
arbres fruitiers que pour les vignes et,

2° 0 m. 50 c., si ce mur appartient au voisin.

CHAPITRE IV

Contre-murs et distances à observer pour certaines constructions.
(Art. 674 C. C.)

9. 1° Celui qui fait creuser un puits ou une fosse d'aisances
près d'un mur mitoyen ou appartenant au voisin doit faire un
contre-mur à 0 m. 33 cent. d'épaisseur en maçonnerie, lequel
ne doit pas être incorporé avec le mur.

S'il y a puits ou cave d'un côté et fosse d'aisance de l'autre,
la maçonnerie de celle-ci doit être à 1 m. 30 cent. ; mais, entre
deux puits, une maçonnerie d'un demi-mètre suffit (?)

2° Celui qui veut construire une cheminée ou âtre, près
d'un tel mur, doit faire un contre-mur de 0 m. 16 d'épaisseur
en briques.

3° Celui veut y construire une forge, four ou fourneau, doit
faire un contre-mur en maçonnerie de 0 m. 33 c. d'épaisseur,
en laissant derrière un certain vide dit tour du chat, de 5 à
20 cent., suivant l'importance de la forge.

4° Celui qui veut y adosser une étable, bergerie, écurie,
poulailler, toit à porcs, doit faire un contre-mur de 0 m. 22 c.
au moins d'épaisseur en maçonnerie jusqu'à la hauteur ordinaire des mangeoires.

5° Celui qui veut y établir un magasin de matières corro-
sives ou un tas de fumier doit faire un contre-mur de 0 m. 22 c.
d'épaisseur jusqu'au dessus de la hauteur des matières dé-
posées.

6° Celui qui veut faire creuser soit un cloaque ou puisard,
soit une fosse à fumier, un perd-eau, une mare, doit s'éloigner
de 2 m. du fonds voisin ou faire un contre-mur de façon à
empêcher toute infiltration.

7° Celui veut creuser une carrière à pierres, marne, glaise,
sable, etc., soit à galeries souterraines, soit à ciel ouvert, doit
observer une distance de 3 m. (?) de toute propriété non bâtie
et de 10 m. (?) de tous bâtiments et murs. (?)

10. Nota. — Ces distances étaient d'après les usages de
1845 de 5 et de 30 m. ; mais elles ont été considérablement
réduites, dans la pratique. — Le long des chemins vicinaux
l'ouverture des carrières a été fixée par l'article 206 de l'arrêté

préfectoral du 15 novembre 1871 à 3 m. et par les articles 9 et 13 du décret du 10 août 1875 à 10 m. le long de toute propriété bâtie.

Dans nombre de cas, des experts commis par les Tribunaux n'ont prescrit en pareil cas qu'une banquette de 0 m. 50 cent. avec talus d'au moins 0.45 degrés et un petit parapet.

Le propriétaire de la carrière est d'ailleurs toujours tenu de prendre les précautions nécessaires pour assurer la sécurité de son voisin et éviter jusqu'à la possibilité d'un éboulement.

11. 8° Exceptions pour les carrières d'Epernon, de Berchères-les-Pierres et autres lieux où le terrain a une valeur industrielle.

A Epernon les carrières s'exploitent jusqu'à l'extrême limite, pourvu toutefois que l'on prenne les précautions nécessaires pour prévenir les éboulements du sol du voisin et éviter des accidents.

Il en est de même à Berchères et dans les contrées en exploitation de carrière.

12. 9° Celui qui creuse un fossé doit laisser du côté de son voisin une bande de terrain, dite *franc-bord*, de 0 m. 50 c. de largeur et faire un ta'us de façon à prévenir les éboulements.

Les distances à observer pour le dépôt de meules à grains, fourrages, pailles, bois ou autres matières combustibles, est réglementée à 25 m. des chemins vicinaux par un arrêté préfectoral du 26 juillet 1866, et à 100 mètres des habitations par un autre arrêté du 18 juin 1853, qui réduit ces distances à 2 m. pour les meules et dépôts placés dans des cours ou enclos de fermes ou d'habitations.

10° Celui qui construit le long d'une terre labourable ou autre peut s'avancer jusqu'à l'extrême limite, et bâtir jusqu'au *dernier pouce*, pourvu que, conformément à l'article 681 C. C., il retienne chez lui les eaux des couvertures.

Tout usage contraire serait une infraction au droit de propriété.

Indépendamment de l'observation de ces précautions, le voisin est encore, aux termes des dispositions de l'article 1382 et suiv. du code C. C., responsable des dommages pouvant résulter d'infiltrations, éboulements, etc.

CHAPITRE V

Immeubles urbains et dependances. — Baux sans écrit, ou locations verbales (Art. 1736, 1738, 1753, 1758, 1759 C. C.)

§ 1ᵉʳ. *Entrée en jouissance.*

13. Les époques d'entrée en jouissance ou termes en usage pour les locations verbales (du reste généralement suivis dans les baux écrits) sont très variables, d'une localité à l'autre. Il y aura lieu de les indiquer ci-contre avec précision.

Les termes ci-après paraissent généralement observés :

1° Maisons et appartements. { Saint-Jean (24 juin) et Noël(25 déc.). Souvent aussi la St-Rémi (1er octobre) ou la St-Martin (11 novembre).

2° Boutiques et magasins . . . Id.

3° Maisons de commerce, auberges, moulins, ... Id.

4° Caves et magasins loués isolément . . . . la Toussaint (1er nov.).

5° Granges et greniers loués isolément . . . . la Saint-Jean (24 juin).

6° Tuileries . . . . 1er mars.

7° Jardins sans habitation . . . la St-Martin (11 nov.).

8° Jardins avec l'habitation. La jouissance commence avec celle de la maison.

Toutefois, lorsque la jouissance de la maison commence le 1er octobre, celle du jardin est reculée au . 1er novembre.

9° Vignes. . . . . la St-Martin (11 nov.).

10° Prés . . . . Noël (25 décembre).

11° Pâtures et noues . . . . . la St-Martin (11 nov. .

12° Pêches des rivières et fausses rivières . . . . 1er mars.

13° Jardins, légumiers ou maraîchers . . . . 11 novemb. ou 25 décemb.

14° Etangs, viviers, mares et fossés empoissonnés. . . 1er mars.

15° Terrains plantés en landes . 1er avril.

14. Toutefois, lorsqu'à une maison .avec grange est joint un lot de terres labourables insuffisant pour composer une petite ferme, la jouissance de cette grange ou même des granges, s'il y en a plusieurs, reste au sortant jusqu'au 24 juin qui suit sa dernière récolte, et seulement jusqu'à Noël si le lot ne contient que 6 hectares.

Le fermier entrant ne commence donc à les occuper qu'à ces mêmes époques.

Quant à la jouissance de la maison, et autres bâtiments, les granges exceptées, elle commence dans l'année de la dernière récolte du fermier sortant, à l'époque ordinaire des locations des maisons.

§ 2. *Durée des locations verbales.*

15. 1° *Les locations verbales* sont faites en général pour une année entière.

Il existe toutefois des exceptions :

Ainsi à Chartres, les maisons et appartements sont réputés loués au semestre, de la Saint-Jean à Noël, et de Noël à la Saint-Jean. -

16. 2° *Locations au mois.* La durée des locations verbales au mois se compte du jour de l'entrée en jouissance au jour ou quantième correspondant du mois suivant à midi.

17. 3° *Logements meublés.* On reste généralement dans les termes du droit commun résultant de l'article 1758 C. C. d'après lequel la location est faite à l'année, au mois ou au jour , suivant que le loyer est payable par an, par mois ou par jour. Lorsque rien ne constate les époques de paiement, la durée est...... (?)

§ 3. *Paiements des loyers. — Contributions.*

18. 1° *Termes des loyers.* En général le loyer se paie à l'expiration du terme d'un an, de 6 mois ou d'un mois, en une seule fois.

Dans les baux écrits, qui sont de plus en plus fréquents depuis qu'en vertu des lois des 23 août 1871, 28 février 1872 et 30 décembre 1873, les droits d'engistrement frappent aussi bien les locations verbales au-dessus de 100 fr. si le bailleur n'en a pas d'autres dans la même commune, l'usage est de stipuler le paiement des loyers de l'année au moins en deux termes.

Aussi, déjà dans bien des localités, l'usage ci-dessus tend à se généraliser et à s'appliquer même aux locations verbales....

2° *Contributions des portes et fenêtres.* D'après la loi du 4 frim. an VII, les contributions des portes et fenêtres sont à la charge des locataires. Si le propriétaire, tenu d'en faire l'avance, les paie, il se fait rembourser à l'époque d'échéance des termes de loyers, à moins de pratiques contraires, assez fréquentes, notamment à Paris, mais qui paraissent étrangères au département.

S'il existe plusieurs locataires dans la maison, les impôts de la porte d'entrée et des ouvertures d'un usage commun restent à la charge du propriétaire.

19. *Locations au mois.* Les loyers se paient à l'expiration de chaque mois en une seule fois, et même d'avance lorsque le mobilier ne garnit pas suffisamment les lieux.

20. *Logements meublés.* Les loyers se paient..... (?)

21. *Sous locations.* En principe le sous-locataire ne doit pas payer ses loyers par anticipation, sauf usage contraire, dit l'article 1753 C. C.

Il n'apparaît pas que cet usage contraire existe chez nous.

§ 4. *Délais des congés.*

22. Il est de règle qu'à défaut d'un congé régulier, les locations verbales continuent à l'expiration de chaque terme.

Le congé doit être accepté ou signifié dans les délais d'usage.

23. Ces délais sont en général *d'un an :*

Pour les bâtiments occupés par de grands établissements

industriels ou par un grand commerce, ainsi que pour une
auberge importante; le tout lorsqu'en même temps le loyer
annuel est au moins de 1200 fr.

24. *De six mois :*

Pour une maison entière dont le loyer s'élève à 500 fr. et
au-dessus, et :

Pour une maison ou portion de maison d'un loyer de plus
de 200 fr. occupée par un commerçant ou marchand ayant
boutique de vente au détail ou magasin de commerce, restau-
rateur ou limonadier, maître ou maîtresse de pension, entrepreneur de messageries, roulage ou autre entreprise commer-
ciale.

Il en est de même s'il s'agit d'un appartement d'un loyer
annuel de 800 fr. ou au-dessus.

25. *De trois mois :*

Pour une maison entière d'un loyer de moins de 500 fr.
(mais sans boutique ni aucun des établissements ci-dessus):

Pour une maison avec boutique, louée à un artisan ou
ouvrier ;

Pour un appartement d'un loyer annuel de 200 fr. et au-
dessus jusque et non compris 800 fr. ; .

Pour un grenier à grains ou une remise loués isolément ;

Pour une cave ou un magasin à vins aussi loués isolément ;

Pour un jardin sans maison d'habitation ;

26. *De 6 semaines :*

Pour un logement ou une chambre d'un loyer annuel infé-
rieur à 200 fr.

26 *bis. De huitaine :*

Pour un appartement, ou logement, ou chambre meublée,
loués au mois.

§ 5. *Forme des congés.*

27. D'après certains usages anciens (La Ferté-Vidame, etc.),
il suffirait que le congé fût donné en présence de témoins. C'est
une erreur, la preuve d'un congé simplement verbal, ne pouvant, s'il est nié, être reçue par témoins (article 1715 du C. C.)

A défaut d'une acceptation écrite, on le signifie ordinairement par acte d'huissier.

§ 6. *Droit du propriétaire de faire visiter les lieux, pour leur*
relocation. — Ecriteau.

28. Le propriétaire qui veut relouer les lieux encore occupés par son locataire peut les faire visiter par les personnes
qui se présentent pour les louer.

Les visites se font dans les délais ci-dessus indiqués pour
les congés, soit que le bail expire de plein droit, soit qu'il
prenne fin par la signification ou l'acceptation du congé.

Elles peuvent avoir lieu plusieurs fois par semaine et, en cas de désaccord, la difficulté se règle devant le Juge de Paix.

Le propriétaire a, pendant le même délai de congé, le droit de faire placer l'écriteau d'usage.

§ 7. *Remise de clefs. — Délai de grâce.*

29. Il est d'usage général que le locataire sortant quitte les lieux le jour même de l'expiration du terme et rende les clefs. avant midi, de façon à ce que le nouveau locataire prenne possession et emménage le même jour (analogie avec l'usage de Paris).

L'ancien délai de grâce accordé par certains usages de 1845, et qui allait jusqu'à octroyer un délai de 5 jours est tombé en désuétude et il n'a jamais eu sa raison d'être.

30. Avant le déménagement, le locataire doit payer les loyers échus, et faire les réparations locatives ; autrement le propriétaire peut s'opposer à l'enlèvement des meubles et refuser de recevoir les clés.

§ 8. *Réparations locatives* (Art. 1754 et 1755 C. C.).

31. Restent à la charge du propriétaire les dégradations qui sont le résultat de la vétusté, d'un cas fortuit ou de force majeure.

32. Sont au contraire réputées locatives, et à la charge du locataire, les réparations à faire :

1° Aux âtres, contre-murs, croissants, chambranles et tablettes des cheminées, y compris le ramonage des cheminées.

2° Aux pavés ou carreaux, en terre cuite, briques, pierres ou marbres des chambres et des escaliers, lorsqu'il n'y en a qu'une petite quantité de cassés, déplacés, ébranlés ou manquants.

3° Aux pavés des cours et aux décrottoirs.

4° Aux heurtoirs ou bornes posées pour garantir les portails des portes cochères ou charretières.

5° Aux rampes des escaliers.

6° Aux parquets et bois des appartements ;

Aux parquets ou encadrements des glaces, dessus des portes et tableaux ;

Aux peintures, aux papiers de tenture des appartements déchirés, ou gravement endommagés, par le fait du locataire ;

Aux lambris d'appui ou de hauteur, aux croisées, volets, contre-vents, portes et leurs chambranles et embrasements, fermetures de boutique et autres fermetures, cloisons en bois, tablettes des armoires, buffets, placards et autres menuiseries, aux sculptures, dorures, glaces et autres ornements, lorsqu'ils sont brisés ou autrement endommagés.

7° Aux vitres ;

Aux panneaux en plomb qui retiennent les vitres, lorsqu'ils

sont brisés ou forcés. L'exception relative à la *cassure* par la grêle n'est pas admise lorsqu'il existe des volets, contre-vents, ou jalousies que le locataire pouvait fermer.

8° Aux gonds, targettes, verroux, crochets, pistons, serrures et leurs accessoires, aux clanches et autres fermetures.

9° Aux tringles de fer des croisées et alcôves ;

Aux croissants et patères pour tenir les riveaux ouverts ;

Aux poulies, doubles-poulies et cordons pour les ouvrir, aux stores des fenêtres et à leurs accessoires ;

Aux sonnettes, à leurs ressorts, fils de fer et cordons, le tout lorsqu'ils ont été posés par le bailleur.

10° Aux balcons et grilles en fer ;

Aux treillis de fils de fer ou de laitons, aux grilles des fourneaux et cuisines ;

Aux pavés en faïence ou en terre cuite de ces fourneaux.

11° Au recrépiment du bas des murailles de tous les lieux d'habitation, écuries, remises, hangars, loges, étables, bergeries, toits à porcs, granges, et, généralement de l'intérieur des bâtiments et cours d'habitation, le tout à la hauteur d'un mètre à partir du sol.

12° Aux bouges des granges, aux planchers en bois ou parquets destinés au battage des grains de trèfle, luzerne, etc.

13° Aux mangeoires, aux râteliers et leurs roulons, aux piliers et barreaux posés pour la séparation des chevaux et autres animaux.

14° A l'aire du four, qu'elle soit en terre, pavée en briques, ou en carreaux de terre cuite, à la chapelle ou voûte du four.

15° Aux pierres à laver la vaisselle (pierres d'évier) et grilles pour empêcher l'engorgement du tuyau qui reçoit les eaux de ce lavage ;

Aux tuyaux de descente des eaux ménagères et des cabinets d'aisances des différents étages; leur engorgement étant réputé provenir du défaut de soin du locataire.

16° Aux poulies des puits, des citernes, des greniers, à leurs chapes, cordes, chaînes et mains de fer.

17° Aux pistons des pompes, aux tringles qui les font mouvoir et au balancier.

18° Aux bancs de bois, de fer, de fonte ou de pierres, dans les cours ou jardins, lorsqu'ils sont écornés ou brisés, et dans le même cas, aux vases, pots de fleurs et caisses qui y auraient été mis ou laissés par le propriétaire pour leur ornement.

19° Au curage des mares, au curage et à l'entretien des fossés qui entourent ou bordent les héritages en prés, bois et terres ou qui en dépendent.

20° A l'intérieur des bassins et citerneaux.

21° Aux treillages des jardins, le long des espaliers et au-dessus, pour attacher les arbres et vignes en treilles.

33. *Vidange des fosses d'aisances.* L'art. 1756 C. C. met le curage des fosses d'aisances et des puits à la charge du bailleur. Toutefois le locataire répondrait de ses abus de jouissance s'il jetait dans la fosse des eaux de vaisselle ou autres objets étrangers.

34. 23° *Moulins.* Les locataires de moulins à eau, outre les réparations ci-dessus, sont assujettis au curage et au faucardement de la rivière, ainsi qu'à l'entretien des berges, digues et chaussées, des biefs etc. ? (voir le n° 81.)

Ils sont aussi tenus de l'entretien en bon état de fonctionnement du mécanisme des tournants, virants et travaillants, des moulins soit à eau, soit à vent.

On fait de ces objets une prisée estimative lors de l'entrée en jouissance du locataire ; puis une seconde à la sortie, et, à ce moment, les parties se tiennent respectivement compte de la plus-value aussi bien que de la moins-value.

35. 24° Bien que, d'après l'art 1731 C. C., le locataire soit présumé avoir reçu les lieux en bon état de réparations, il arrive souvent que l'on néglige de faire un état de lieux. En ce cas, en fin de bail, le locataire est tenu de toutes les réparations locatives, s'il ne prouve pas que les travaux qu'on lui demande étaient déjà nécessaires à l'époque de son entrée en jouissance.

36. 25. Lorsque la même maison est occupée par plusieurs locataires, le propriétaire est tenu des réparations locatives des locaux destinés à l'usage commun et par exemple : l'escalier, les cours, les passages et corridors, la pompe, le treuil, à moins qu'il n'établisse que les dégradations sont dues à la faute de l'un des locataires.

37. 26. Au cas de plusieurs locataires, la charge du balayage qui, en principe, incombe au propriétaire, est ordinairement imposée par lui au locataire du rez-de-chaussée.

CHAPITRE VI

Immeubles ruraux. — Rapports entre fermier entrant et fermier sortant (Art. 1776 C. C.).

§ 1er. *Anciennes coutumes sur l'époque d'entrée en jouissance des fermiers.*

38. D'après les anciennes Coutumes de Chartres et de Châteauneuf-en-Thimerais, l'entrée en jouissance du fermier avait lieu par la levée des guérets fixée au 1er avril.

L'ancienne Coutume d'Orléans retardait cette époque jusqu'à la Saint-Georges (23 avril) et même, dans certaines localités, jusqu'au 1er mai.

Enfin, dans le Haut-Perche (ou Grand-Perche), le fermier entrait en jouissance par la façon des mars généralement fixée :

Soit au 1er novembre, quand c'était l'entrant qui en devait faire les labours préparatoires,

Soit au 1er mars, quand l'usage imposait cette charge au sortant, et ce, sans indemnité, parce qu'il avait lui-même profité de ces labours lors de son entrée dans la ferme.

§ 2. *Epoques d'entrée en jouissance des fermiers.*

39. Notre département a été formé de la réunion de localités autrefois régies par les différentes coutumes ci-dessus mentionnées.

De là, pour les 24 cantons du département, les diverses époques d'entrée en jouissance ci-après, encore en usage aujourd'hui :

Chartres-Nord et Chartres-Sud, Auneau, Courville, Illiers, Maintenon, Voves (à l'exception de 9 communes indiquées plus bas), Dreux, Anet, Brézolles, Châteauneuf, Nogent-le-Roi, Senonches, Bonneval, Brou, et 6 communes du canton de La Loupe : Champrond, Friaize, Le Thieulin, Les Corvées-les-Yys, Saint-Denis-des-Puits et Villebon . . . le 1er avril.

Janville, et les 9 communes ci-après du canton de Voves : Baignolet, Germignonville, Moinville, Moutiers, Ouarville, Prasville, Viabon, Villars et Ymonville . . . . le 23 avril.

Orgères . . . . le 1er mai.

Châteaudun, Cloyes, La Loupe (à l'exception des 6 communes ci-dessus), et Thiron-Gardais . . . . le 1er novembre.

Nogent-le-Rotrou et Authon . . . . . . le 1er mars.

La Ferté-Vidame, par la façon des mars . le 25 décembre.

40. Quant aux prés et aux vignes, les époques d'entrée en jouissance sont généralement fixées au 1er ou au 11 novembre, sauf dans l'arrondissement de Nogent-le-Rotrou, où cette date est reculée au 1er janvier.

§ 3. *Observations sur les époques d'entrée en jouissance.*

41. A propos de la date ci-dessus du 1er avril généralement fixée en Beauce, pour l'entrée en jouissance par la levée des guérets, on se souviendra que le Comice agricole de Chartres a souvent exprimé le vœu qu'elle fût avancée comme dans la plupart des contrées et départements voisins, et reportée soit au 1er octobre, ou au 11 novembre, soit au plus tard au 1er décembre. (Rapport de M. Roussille au Comice agricole de Chartres en 1867.)

Les raisons en sont qu'après l'enlèvement de la récolte de la sole en mars qui précède la levée des guérets, le fermier sortant ne doit plus rien avoir à faire sur cette sole.

Le fermier entrant, au contraire, trouverait dans cette anticipation le double avantage de pouvoir faire sur les guérets les premiers labours d'hiver et quelques prairies dites hivernages pour la nourriture en vert de ses animaux pendant l'été suivant.

Un usage conforme à ce *désideratum* tend à s'étendre à toute la Beauce.

§ 4. *Répartition des locaux entre fermier entrant et fermier sortant.*

42. Les anciennes Coutumes de Chartres et de Châteauneuf n'accordaient au fermier entrant la jouissance des bergeries, de l'étable et de la principale écurie qu'au 1ᵉʳ octobre qui suivait la levée des guérets, parce que ce n'était qu'alors que, d'après ces coutumes, il avait le droit d'amener à la ferme son troupeau, toutes ses vaches et tous ses chevaux.

Les anciens usages, rédigés en 1845, dans les cantons de Chartres, Courville, Illiers, Maintenon, Châteauneuf et Dreux, régis par ces Coutumes, avaient copié et admis ces anciens errements.

Au contraire, d'après les Coutumes d'Orléans et du Perche, le fermier sortant qui dès avant avril n'avait plus ni de fumiers à conduire sur les terres, ni de labours à faire, ne devait plus conserver ses bestiaux (sauf une ou deux vaches et les chevaux nécessaires pour la moisson), ni dès lors, les bergeries, étable et principale écurie. Les anciens usages de 1845, pour les localités d'Auneau, Janville, Voves, Châteaudun, etc., autrefois régis par ces Coutumes, avaient donc consacré l'attribution des locaux ci-dessus à l'entrant, dès l'époque de son entrée en jouissance au mois d'avril.

Ces derniers usages étaient les plus rationnels et les plus conformes aux véritables besoins de la culture. Aussi ont-ils fini par l'emporter sur les autres, et, dès 1867, le Comice agricole de Chartres rappelait qu'à partir du 1ᵉʳ avril et au plus tard au 1ᵉʳ mai, le fermier sortant ne doit plus avoir de bétail dans la ferme et que les locaux affectés aux bestiaux doivent être livrés à l'entrant.

43. Par suite de cette tranformation et de cette unification des usages, les locaux doivent être aujourd'hui répartis d'après les règles suivantes :

A. Le nouveau fermier reçoit lors de son entrée en jouissance, qu'elle ait lieu par la levée des guérets au mois d'avril ou par la façon des mars, dès le 1ᵉʳ novembre ou le 1ᵉʳ décembre précédents :

1° Toutes les bergeries, le sortant ne devant plus conserver de troupeau.

2° L'étable ou les étables, à l'exception d'un emplacement pour une ou deux vaches du sortant.

3° La principale écurie, s'il y en a plusieurs. S'il n'y en a qu'une, l'entrant y prend d'abord l'emplacement qui lui est nécessaire pour loger les chevaux dont il a besoin pour les différents travaux des jachères. Le surplus est fermé par un barrage aux frais du sortant qui peut y mettre un ou plusieurs chevaux.

4° Le toit à porcs ou l'un d'eux, s'il y en a deux.

5° Le poulailler.

6° Une portion de la cave ou du cellier.

7° La moitié des greniers.

8° Le fournil ou une chambre à cheminée, et, si le logement le permet, une ou deux autres pièces, et même moitié du logement.

9° La grange à mars, si l'entrée en jouissance a lieu par la façon des mars.

10° Enfin, une partie du jardin, ordinairement un des carrés ou le quart environ.

44. B. — Au 1ᵉʳ octobre, le sortant doit céder à l'entrant l'habitation entière et reprendre les pièces qu'il avait d'abord livrées. Toutefois l'échange ne se fait pas et chacun garde son installation lorsque l'importance du logement a permis au sortant d'en céder à l'entrant à peu près la moitié.

Le sortant conserve jusqu'au 24 juin, les granges, à l'exception de celle à mars, s'il l'a livrée, et la moitié des greniers.

Il peut laisser jusqu'à la même époque une voiture de roulage et son cabriolet sous la loge.

Il peut prendre dans la ferme la paille nécessaire tant pour la litière que pour le fourrage de ses bestiaux.

Les réparations locatives se font au fur et à mesure de la livraison de ces divers locaux.

L'entrant reçoit le surplus du jardin le 1ᵉʳ octobre ; mais le sortant peut récolter jusqu'au 1ᵉʳ novembre.

Enfin, le sortant peut conserver ses volailles jusqu'au 1ᵉʳ octobre.

45. C. — Au 24 juin, le fermier entrant doit avoir été mis en possession de la totalité des bâtiments de toute espèce.

Jusqu'à cette même époque, chacun a pu se servir, en commun, du four, du puits, des mares, abreuvoirs et cabinets d'aisances.

§ 5. *Battaisons.*

46. D'après les anciens usages, le fermier sortant était tenu d'échelonner ses battaisons sans pouvoir battre plus d'un tiers de sa récolte avant Noël, et plus d'un second tiers avant Pâques, le troisième tiers devant être battu pour la Saint-Jean.

Depuis 1845, les machines à battre sont venues modifier ces usages, et il est généralement admis que le fermier sortant peut battre ses récoltes, soit en une seule fois, soit tout au moins en deux fois, à des époques rapprochées de la moisson.

§ 6. *Curage des écuries, vacheries, bergeries.*

47. Contrairement aux indications de certains usages anciens (Courville, Châteauneuf, Dreux), chaque fermier fait le curage des écuries, vacheries ou bergeries partout où il entretient des bestiaux.

§ 7. *Hauteur du chaume.*

48. L'usage est de couper les blés à 0,16 cent. environ du sol, quand on emploie la faucille, à 0,10 cent. au plus si on emploie la faulx, ou la sape et à .... avec la moissonneuse.

L'ancien usage qui consistait à réserver du chaume à une grande hauteur pour servir à la couverture des bâtiments de la ferme, est tombé en désuétude depuis qu'à la suite de l'arrêté du Préfet d'Eure-et-Loir en date du 18 mai 1853, ces sortes de couvertures sont interdites en principe et tolérées seulement pour les réparations et les murs.

§ 8. *Fermages.*

49. Le fermier qui entre dans la ferme par la levée des guérets ne fait pas les récoltes de l'année et par suite il n'a pas de fermages ni de contributions à payer à raison de cette année.

Mais il en est autrement du fermier qui entre par la façon des mars, et qui fait dès la première année la récolte des avoines. Il paie un tiers des fermages et des contributions afférentes à cette première année, les deux autres tiers restant à la charge du fermier sortant qui fait le surplus de la récolte.

Les fermages sont ordinairement stipulés payables en argent, et par tiers à Noël, Pâques et la Saint-Jean, suivant chaque récolte.

L'ancien usage des fermages en nature, a à peu près complètement disparu ; et l'habitude d'ajouter des faisances au fermage en argent tend aussi à disparaître.

§ 9. *Jardin de la ferme.*

50. Le fermier étant présumé avoir reçu le jardin en bon état doit le rendre également en bon état de culture, et avec ses plants d'asperges, artichauts et autres plantes légumineuses vivaces, ainsi qu'avec ses treilles et ses arbres bien taillés. Mais il pourrait enlever toutes les plantations qu'il aurait faites, et autres ouvrages, s'il ne pouvait s'entendre avec le propriétaire ou le nouveau fermier pour les lui céder en conformité de l'art. 555 cc.

§ 10. *Pailles et menues pailles et balles* (art. 1778 C. C.).

51. Les fermes de la Beauce et même celles des autres contrées du département d'Eure-et-Loir, sont généralement livrées aux fermiers avec leurs empaillements.

On entend par là, les pailles et fumiers provenant des récoltes des deux dernières années du bail.

Le fermier sortant d'une terre empaillée doit donc mettre à la disposition du fermier entrant :

1° Les fumiers provenant des pailles et paillis de son avant-dernière récolte, et ce qui reste de ces pailles et paillis.

2° La totalité des pailles et paillis divers provenant de sa dernière récolte en blé et mars.

Toutefois, dans certains cantons, tels que ceux de Voves, Nogent-le-Roi, le fermier sortant pouvait emporter « tout ce qui s'empoche » c'est-à-dire les balles (enveloppes florales du grain) et les menues pailles.

Dans d'autres cantons, et par exemple à Brezolles, l'usage était contraire.

Enfin, un grand nombre des recueils cantonaux de 1845 étaient muets à cet égard.

Aujourd'hui, et depuis l'extension des cultures en betteraves, le fermier entrant utilise pour l'alimentation de ses animaux les menues pailles et balles en les mélangeant avec les pulpes ou les cosses fermentées des betteraves et par suite l'usage, du reste conforme à la loi, tend à se généraliser de laisser à la ferme, tout aussi bien les balles et menues pailles que les autres empaillements.

3° Le fumier nécessaire pour fumer les 3/4 des terres qui composent la sole des jachères et la totalité des pailles et paillis provenant de la dernière récolte en blés et mars.

L'autre quart est présumé s'être trouvé fumé par le parcage des moutons.

34. NOTA. — Autrefois au lieu de ces 3/4, l'ancienne coutume de Chartres n'accordait que les 2/3 et même seulement le 1/3 d'après une règle de l'ancienne coutume d'Orléans constatée en 1845, dans 9 communes du canton de Voves. Mais cette proportion était trop manifestement contraire au principe de droit commun d'après lequel le fermier surtout doit restituer la totalité des empaillements produits par les terres.

§ 13. *Prairies artificielles.*

35. D'après les nouveaux errements de la culture, l'usage tend à s'établir de concéder au fermier entrant les avantages ci-après:

1° Dès le 1er octobre et même dès le 15 septembre précédant son entrée en jouissance, le fermier entrant pourrait semer du trèfle incarnat, de la vesce d'hiver ou autres hivernages sur les 2/5e de la sole des guérets (en chaume d'avoine) qu'il lèvera plus tard. De cette façon il aurait quelques fourrages à faire manger en vert par ses bestiaux dès le premier été de sa jouissance (anciens usages de Janville, Maintenon, etc.).

2° Dès le mois de mars, le fermier entrant pourrait semer des prairies artificielles, telles que luzerne, trèfle et sainfoin, sur le tiers de la sole en avoine du fermier sortant, mais à charge d'une indemnité d'environ 30 fr. par hectare ensemencé (ibidem).

3° Si au lieu de laisser la sole des jachères nue, le fermier sortant y avait ensemencé des luzernes, trèfles, ou sainfoins, ces prairies appartiendraient à l'entrant, mais à-charge de rembourser au sortant le prix des semences, savoir ; celles des trèfles et sainfoin, si elles avaient été répandues moins d'un an avant le terme du 1er avril, et celles des luzernes, moins de 2 ans avant la même époque (Comice agricole de Chartres, 1867. Rapport de M. Roussille).

4° Les prairies artificielles de toute nature provenant des récoltes antérieures à la dernière qui se trouveraient soit dans la ferme, soit en dehors, seraient attribuées, savoir : au fermier sortant, pour les 2/3 comme représentant les grains qu'il aurait pu recueillir à leur place, et à l'entrant pour un tiers, comme représentant les pailles et fourrages, auxquels il aurait eu droit à défaut de prairies et pour lui en tenir lieu.

5° Enfin, comme à partir de son entrée en jouissance, l'usage général est aujourd'hui que ce soit le nouveau fermier qui amène son troupeau et que l'ancien n'en ait plus, il en est résulté l'abolition en fait de l'ancien usage qui, en 1845, accordait dans quelques contrées la faculté au fermier sortant d'ensemencer en hivernage, pour la nourriture de son troupeau, 1/5e des guérets, indépendamment de son droit de pacage sur les quatre autres cinquièmes.

§ 14. *Assolement.* (Art. 1774 cc.)

36. L'assolement triennal dit de Charlemagne, correspondant à la division des cultures en 3 soles (blé, mars et guérets) à peu près égales, est encore suivi en Beauce, et on s'y réfère, notamment pour déterminer la durée des baux verbaux ou écrits (3, 6, 9, 12, 15, ou 18 ans), pour fixer l'époque de l'entrée en jouissance et de sortie des fermiers, et pour la détermination des assolements.

Mais, en fait, au cours du bail le fermier établit une 4e sole, en prairies vivaces (luzerne, sainfoin, etc.) dite sole permanente ou de soutien que l'on obtient en convertissant une partie de l'ancienne sole des jachères mortes ou nues en jachères vertes. Cet usage éminemment favorable aux progrès de l'agriculture et aux propriétaires eux-mêmes, est toléré par ceux-ci, sous la double condition que le fermier restituera les terres en 3 soles et qu'il ne cessera pas de cultiver en bon père de famille.

Pendant le cours du bail l'assolement est donc d'environ 1/4 en blé, 1/4 en mars, 1/4 en prairies annuelles et racines et enfin, 1/4 en prairies vivaces comme sole de soutien.

§ 15. *Culture en bon père de famille. — Bétail obligatoire, fumures.* (Art. 1728, 1766 cc.)

37. Pour être réputé cultiver en bon père de famille et avoir la quantité de bétail nécessaire, la plupart de nos usages de 1845 obligeaient le fermier à avoir :

Au moins 3 chevaux par 50 hectares;
   Id.   1 vache par 12 hectares;
   Id.   4 moutons par hectares;

Soit pour une ferme de 100 hectares :

  6 chevaux correspondant à 6 têtes de gros bétail;
  8 vaches   —   à 8   Id.
  400 moutons   —   à 40   Id.
       Total 54   Id.

, par hectare, 54/100 de tête de gros bétail du poids moyen
400 à 450 kil., soit un peu plus qu'une demi-tête par
ctare.

88. Nota. — Aujourd'hui on peut considérer que cette
oportion de 54/100 doit s'élever, par suite des nécessités
une culture plus intensive, au moins à 66/100, soit à 2/3 de
te de bétail par hectare au lieu de l'ancienne proportion
1/2.
Toutefois, on doit noter ici qu'une diminution s'est produite
France, et surtout en Beauce, dans l'élevage des moutons,
que les meilleurs cultivateurs ont été souvent amenés au
urs de leur bail, et avant la dernière période triennale, à
ndre une partie de leurs pailles. En compensation, ils ont
recours aux engrais de commerce ou chimiques comme
grais *complémentaires* et ces engrais sont généralement
mis dans la proportion d'un tiers de la fumure, pourvu que
terre soit toujours entretenue dans son état normal de fer-
ité.

88 *bis*. D'après l'éminent Directeur de la station agrono-
ique de l'Est à Nancy, M. Grandeau, « on peut considérer
comme une faible fumure, 20,000 kilg. de fumier à l'hectare;
comme une fumure moyenne, 40,000 kilg., et, comme une
forte fumure. 60,000 kilg. » (Revue agronomique. Journal
Temps, n° du 26 août 1890.)
Mais si, comme cela a lieu en Beauce dans la culture trien-
le, ces quantités doivent profiter aux trois soles, parce que la
mure y est faite en une seule fois pour trois années, on ne
ut considérer comme suffisante qu'une fumure d'au moins
,000 kilog. par hectare réputée devoir profiter pour 3/5 à la
le des blés et pour 2/5 à la sole des mars.....

§ 16. *Marnages.*

89. Les marnes du département renferment une propor-
n de carbonate de chaux qui varie généralement de 50 à
°/₀ et les terres exigent, suivant leur composition, certains
arnages plus ou moins fréquents et importants.
Dans les terres légères ou siliceuses, il suffirait, tous les 10
12 ans, de 20 m. c. de marne argileuse (200 hectolitres) par
ctare, afin de les rendre plus compactes.

Dans les terres fortes ou argilèuses, il ne faudrait pas moins, par période décennale, d'une trentaine de mètres de marne siliceuse, afin de les rendre plus légères et plus perméables.

§ 17. *Droit aux émondes.*

60. Les émondes des peupliers, saules et autres bois blancs dits de vallée, qui peuvent existersur les terres louées, appartiennent au fermier sous la condition de n'émonder les arbres de vallée que jusqu'aux 2/3 de leur hauteur, y compris l'extrémité de la cime, c'est-à-dire que le fermier ne doit jamais toucher aux branches du dernier tiers. En tout cas il doit toujours laisser au moins cinq rouets ou couronnes.

Il émonde ces arbres tous les 4 ou 5 ans, c'est-à-dire, 2 fois pendant la durée d'un bail de 9 ans, 3 fois pendant celle d'un bail de 12 à 15 ans, et 4 fois pendant celle d'un bail de 18 ans.

Dans tous les cas, il doit à la fin de sa jouissance, laisser ces arbres couverts de la pousse d'une année, ce que l'on appelle *tête couverte*.

Si le propriétaire vend ces arbres, les émondes appartiennent au fermier, moins les rouets ou couronnes réservées.

§ 18. *Arbres fruitiers morts.*

61. Lorsque des arbres fruitiers viennent à mourir ou à être détruits par cas fortuit au cours d'un bail, leurs troncs appartiennent ordinairement au propriétaire en vertu des stipulations des baux écrits ; leurs branches restent au fermier comme compensation de la charge de leur remplacement. A défaut de cette stipulation et s'il n'existe pas de pépinière dans le surplus de la propriété, le fermier n'est pas tenu à ce remplacement, nonobstant les indications contraires de quelques anciens usages, tels que ceux d'Auneau et de Chartres.

§ 19. *Récoltes des pommes à cidre sur les arbres dont la terre est en guérets à la sortie du fermier.*

62. Cette récolte est faite par le fermier sortant.

63. (Nul.)

§ 20. *Des congés spécialement en matière de locations de biens ruraux, terres, prés, vignes.*

64. D'après certains anciens usages, il faudrait donner congé six mois avant l'expiration du bail d'un bien rural: terres, prés, vignes.

C'est là une erreur. Aux termes de l'article 1775. cc. « le bail
» des héritages *ruraux* quoique fait sans écrit cesse de plein
» droit à l'expiration du temps pour lequel il est ainsi fait,
« selon l'art. précédent. » C'est-à-dire, « pour autant d'années
» qu'il y a de soles, » sauf toutefois les effets de la tacite

reconduction, si dans le cas prévu par l'art. 1776, le preneur reste en possession après l'expiration du bail.

65. (Nul.)

§ 21. *Clauses types des baux à ferme.*

66. On n'indiquera ici ni les conditions imposées par la loi, ni celles qui résultent d'usages constants et officiellement constatés. On trouvera les premiers dans le code civil, art. 1714 et s. et 1763 et s., et les seconds dans le recueil des usages.

On se bornera à mentionner certains clauses et conditions destinées à compléter la loi et les usages.

Ces clauses et conditions concernent :

1° La durée des baux de 15 ou 18 ans, au lieu de 9.

2° La faculté à accorder au fermier de cultiver à sa volonté pendant tout le cours du bail, sous la seule condition de maintenir les terres en bon état de production, et de les rétablir pour les trois dernières années dans leur ancien état d'assolement et telles qu'il les a reçues lui-même en 3 soles à peu près égales.

3° Le marnage restreint seulement aux terres qui seraient reconnues en avoir besoin.

4° L'obligation imposée au fermier sortant de laisser à son successeur, sans autre indemnité que celle des graines de semences, un dixième environ de la totalité de ses terres ensemencées 2/3 en luzerne et 1/3 en sainfoin, le tout de 2 ans.

5° L'obligation expressément imposée également au sortant de laisser l'entrant semer des graines de prairies artificielles dans *chacune de ses 2 dernières* soles d'avoine moyennant indemnité fixée soit par experts, ou au prix de 30 francs par hectare.

6° La faculté absolue de céder le bail en restant garant.

7° L'obligation pour le fermier de faire, en dehors des époques de semailles et de la moisson, sans indemnité, jusqu'à une distance de 10 kilomètres, les approches nécessaires pour construire ou agrandir les bâtiments de la ferme, pendant les années du bail antérieures aux trois dernières, étant expliqué qu'au cas d'incendie le propriétaire indemnisé par l'assurance n'aurait pas droit aux approches.

8° La faculté pour le fermier, sauf pendant les trois dernières années de son bail, de pouvoir vendre ses pailles jusqu'à concurrence de moitié, sauf à les remplacer par le rapport à la ferme d'une quantité de fumier *équivalente* à celle que ces pailles y eussent pu produire si elles y fussent restées pour y être employées selon l'usage, moitié environ en pailles-fourrage, et moitié en pailles litière, pouvant donner lieu, en poids, à la proportion de 2 1/2 de fumier pour un de pailles vendues.

9° La faculté à accorder au fermier de faire ce rapport en engrais de commerce ou chimiques *équivalents*.

10° Enfin, la même faculté accordée en cas d'insuffisance de bétail, jusqu'à concurrence d'un tiers des quantités réputées nécessaires.

11° L'indemnité, en cas de plus-value, en fin de bail. En Angleterre la plus-value en fin de bail fait l'objet d'une stipulation trèsf réquente connue sous le nom de *clause de lord Kames*.

D'après cette clause, le fermier qui prétend avoir donné par ses améliorations une plus-value à la terre, offre de prendre un nouveau bail de vingt ans avec augmentation du fermage. Supposons une offre de 10 francs de fermage en plus par hectare, soit pour 100 hectares 1,000 francs et, pour vingt ans, 20,000 fr.

Si le propriétaire refuse cette offre, il doit alors tenir compte à son fermier de la moitié de ces 20,000 fr.

Cette clause avait paru si rationnelle à *Mathieu de Dombasle*, qu'il en avait fait l'article 43 du bail de la ferme de Roville.

Elle est susceptible d'application en France.

On pourrait aussi procéder de la façon suivante :

Il serait stipulé que le propriétaire tiendra compte au fermier de la plus-value par lui procurée à la terre au cours du bail.

A cet effet, et à défaut par les parties de s'entendre pour fixer *dans le bail lui-même* le rendement des trois dernières récoltes en blé, mars, prairies et racines du précédent bail, ce rendement serait déterminé dans les trois mois de l'entrée en jouissance par trois experts qui s'entoureraient de tous renseignements.

A l'époque de la récolte de chacune des trois dernières années du bail, une nouvelle expertise, sorte de prisée, aurait lieu.

Si l'excédent de rendement dû aux améliorations apportées par le fermier était de 1/5e au moins, les experts détermineraient, dans la mesure des avantages procurés au propriétaire, le chiffre de l'indemnité que celui-ci devrait payer au fermier.

Quant à la moins-value, il est inutile d'en parler ici, puisqu'elle donne déjà lieu aujourd'hui à des dommages-intérêts à la charge du fermier qui, en pareil cas, est réputé n'avoir pas cultivé, comme l'exige la loi, en bon père de famille. (Art. 1728 et 1766 et suiv., C. C.)

CHAPITRE VIII

Tacite reconduction (Art. 1738, 1759, 1776 C. C.)

67. A la différence des délais des congés qui concernent les locations verbales, la tacite reconduction est relative aux baux écrits.

Elle n'a pas lieu lorsqu'il y a un congé signifié ou accepté.

Elle se produit lorsque le locataire ou fermier est resté en possession pendant un certain temps à partir de l'expiration du bail écrit sans opposition de la part du propriétaire.

En pareil cas, il se forme tacitement un nouveau bail faisant suite au premier.

Cette nouvelle location a lieu au même prix et conditions que le bail primitif.

Mais la durée en est réglée d'après celle des locations verbales.

68. La tacite reconduction est acquise après des délais dont l'appréciation appartient aux tribunaux et qui sont ordinairement les suivants :

1° Maisons et portions de maisons. — Lorsque le locataire est resté en possession paisible pendant 5 jours à partir du jour de l'échéance du terme.

Ce délai est porté au double pour les locations d'un loyer supérieur à 400 fr.

2° Jardins sans habitation. — Lorsque le locataire est resté en possession paisible pendant 2 mois depuis le terme.

3° Jardin dépendant d'une habitation. — Le jardin suit le sort de la maison.

4° Fermes et lots de terre. — Lorsque le fermier qui devait quitter la ferme par la levée des guérets, ayant fait les travaux de culture des jachères, est parvenu au lendemain du 1er octobre suivant, époque où il a commencé, ou est réputé avoir commencé à semer ses blés.

Jusque là, le propriétaire peut rentrer en jouissance de ses bâtiments et terres en offrant de rembourser le fermier de ses dépenses utiles et dûment justifiées.

5° Vignes. — Lorsque le fermier a atteint le 1er janvier qui suit la dernière vendange sauf au propriétaire à lui rembourser ses impenses.

6° Prés ou prairies. — Lorsque le fermier a atteint le 1er mars, sauf le paiement des impenses.

7° Bois-taillis. — Lorsque le fermier a atteint le 1er janvier qui a suivi l'exploitation de la dernière coupe en fin de bail.

69. Le droit à la tacite reconduction est réciproque entre propriétaire et fermier et par suite, à toutes les époques ci-dessus, le propriétaire a le droit de contraindre le locataire ou fermier à continuer sa jouissance aux prix et conditions antérieures et le fermier peut lui-même se faire maintenir dans cette jouissance.

CHAPITRE VIII

Droit de parcours et de vaine pâture (Loi des 28 sept. et 6 oct. 1791, sur la police rurale.) — Des 9 juillet 1889 et 22 juin 1890 sur le nouveau code rural.

70. Le parcours était la faculté respective qu'avaient les habitants de paroisses voisines d'envoyer paître leurs bestiaux d'une paroisse dans l'autre, par une sorte de servitude réciproque s'exerçant, suivant l'expression de la loi du 6 oct. 1791, de paroisse à paroisse.

71. *La vaine pâture,* par opposition à la pâture *vive et grasse* exercée dans les prairies, est le droit qu'ont les habitants d'une *même* commune de mener paître leurs bestiaux sur les terres de la commune, lorsque ces terres sont en jachères ou dépouillées de leurs récoltes et non entourées de clôtures.

Ce droit de parcours a été définitivement aboli par la loi du 9 juillet 1889.

Cette même loi a également supprimé la vaine pâture, mais en réservant aux communes qui en feraient la demande dans l'année la faculté de la maintenir. Toutefois la loi faisait exception pour les prairies naturelles ou artificielles sur lesquelles la vaine pâture ne pouvait être rétablie.

Mais une loi modificative, du 22 juin 1890, restreint l'exception dont s'agit aux prairies artificielles, et elle proroge jusqu'au 24 juin 1891 le délai, accordé aux Conseils municipaux pour former leur demande.

72. La vaine pâture est régie par la loi, les délibérations des Conseils municipaux et les arrêtés de police du maire et, pour le surplus, par les usages.

D'après la loi, la vaine pâture ne peut s'exercer sur les terrains pourvus de clôtures suffisantes (conditions de continuité, de hauteur et de solidité, largeur des fossés), ni sur les champs ensemencés, ou couverts de récoltes, si ce n'est deux jours après l'enlèvement de la récolte du même champtier (voir n° 78), ni sur des prairies artificielles.

Sous le rapport des personnes, il résulte encore de la loi que l'habitant d'une même commune (propriétaire ou fermier) ne peut envoyer à la vaine pâture, même dans ses champs, qu'un nombre d'animaux proportionnel à l'étendue de ses propriétés en terres susceptibles de vaine pâture ; que ce nombre est déterminé par les règlements et *usages locaux*, ou par une délibération du conseil municipal ; que le droit à la vaine pâture ne peut être cédé ; que celui qui ne possède pas de terres sur la commune peut néanmoins, en vertu d'un droit appelé droit du pauvre, envoyer à la vaine pâture au *moins* 6 bêtes à laine et une vache avec son veau.

73. Toutes les espèces d'animaux domestiques sont ad-
ses en principe, soit que ces animaux dépendent d'une
ploitation agricole, soit qu'ils appartiennent à un marchand
bestiaux, mais les *usages* excluent souvent les oies, les
èvres, les porcs, ou ne les admettent que dans des champ-
rs déterminés.

74. Lorsqu'il existe un pâtre nommé par le maire, et payé
r les propriétaires qui lui confient leurs animaux, les habi-
ts peuvent user du troupeau en commun. Dans le dépar-
ent, chacun fait garder ses bestiaux séparément.

75. C'est le Conseil municipal qui est appelé à délibérer
cas d'épizootie, de dégel ou de pluies torrentielles, pour
tonner les troupeaux, interdire la présence d'animaux dan-
eux ou malades. Mais l'assemblée communale ne pourrait
sortir de son droit de règlementation pour modifier le
it de vaine pâture en lui-même.

nfin, le maire, en vertu de son droit de police, peut, par
mple, règlementer le passage du troupeau sur les chemins,
onner que les animaux seront marqués, fixer les heures
dépaissance etc.

76. En dehors de ces loi et règlements, dont la plupart sont
lleurs conformes à d'anciens usages, ce sont les *usages*
uels de chaque commune qui régissent la vaine pâture et
conséquent *il y a lieu de recueillir* ici ces usages qui
ssent encore :

° Le nombre de têtes par hectare, au moins jusqu'à délibé-
on du Conseil municipal : la proportion est en général de
outons par hectare.

° L'exclusion de certaines espèces d'animaux ou les condi-
s de leur admission, oies, chèvres, porcs, etc.

° La règlementation du droit du pauvre qui, en aucun cas,
eut être plus étendu que celui que lui réserve la loi (6
s à laine et une vache avec son veau).

° Enfin, le mode d'exercice de la vaine pâture en général,
r toutes les règles et conditions qui ne sont pas déjà pres-
es expressément par la loi, le Conseil municipal ou le maire.

CHAPITRE XIX

Glanage, râtelage, grapillage.

77. On entend par là le ramassage de ce qui reste dans les
mps, prés et vignes, non clos, après l'enlèvement entier de
écolte, comme aussi après celle des pommes et des noix.

Toutes ces *miettes* sont considérées comme choses abandonnées, *res nullius*, et comme devant profiter aux pauvres de la commune.

Un arrêté de M. le préfet d'Eure-et-Loir en date du 20 juin 1884 réserve expressément la faculté de glaner, de râteler, et de ramasser le chaume exclusivement aux indigents inscrits sur les listes de la commune et munis pour cela d'une carte ou permission délivrée par le Maire.

Les conditions et les époques auxquelles peuvent avoir lieu toutes ces opérations sont, pour la plupart, réglementées par des arrêtés municipaux.

78. A défaut d'arrêtés, les usages sont généralement les suivants :

1° Par ces mots : « *après l'entier enlèvement de la récolte* » dont parle la loi de 1791, on entend non-seulement la récolte du champ sur lequel on voudrait aller glaner, râteler ou grapiller, mais encore, d'après la jurisprudence et la pratique journalière, celle des champs voisins du même champtier.

2° Ces droits de glanage, râtelage, grapillage, commencent immédiatement après l'enlèvement de la récolte et, pour ménager cette part de l'indigent, on ne peut introduire les bestiaux que 48 heures après l'enlèvement de la récolte (n° 72).

3° Le râtelage ne peut se faire dans les champs, dans les prairies artificielles ou dans les prés naturels qu'avec des râteaux à dents de bois.

4° Le grapillage des pommes et des noix oubliées ne peut se faire avec des gaules.

79. Nota. — Il existait autrefois un droit de chaumage, qui autorisait les indigents à prendre dans les champs, le chaume nécessaire pour la couverture de leurs murs et bâtiments. Mais depuis l'arrêté préfectoral du 18 mai 1853 qui interdit les couvertures neuves en chaume, et ne permet plus l'emploi du chaume que pour les réparations des anciennes et la couverture des murs, le droit de chaume a perdu presque tout son intérêt.

CHAPITRE X

Ban de Vendanges.

80. Le ban de vendanges consiste dans la publication d'un arrêté du Maire fixant le jour à partir duquel la vendange pourra commencer dans les vignes non closes.

L'art. 13 de la loi du 5 juillet 1889 dispose que le ban de vendanges ne pourra être établi ou maintenu que dans les communes où le conseil municipal en aura ainsi décidé par délibération soumise au conseil général.....

CHAPITRE XI

Eaux courantes (Loi du 14 floréal, an XI).

81. Les anciens usages concernant les eaux courantes sont remplacés en grande partie par des règlements administratifs.

Ces règlements ont confirmé la disposition d'après laquelle le curage des cours d'eau et rivières non navigables ni flottables doit être fait par chacun des riverains pour moitié au droit de soi.

Les locataires des moulins sont en outre tenus du curage de leurs biefs.

Les principaux arrêtés préfectoraux sont ceux des 15 thermidor, an VIII; 18 thermidor, an IX; 1er mai 1806; 18 mars 1818 et 2 juin 1856.....

CHAPITRE XII

Saisie-brandon (Art. 626, Code proc. civ.).

82. Les usages fixent la date des 6 semaines qui précèdent l'époque de la maturité des fruits, et pendant lesquelles, d'après l'art. 626, pr. civ., la saisie-brandon des fruits pendants par racines peut être faite.

Cette date est celle :

Du 24 juin pour les céréales, sauf pour le canton de Janville où la date est celle du 14 (?);

Du 1er mai pour les prairies artificielles, sauf encore pour le canton de Janville où la date est celle du 17 avril (?);

Du 15 mai pour les prairies naturelles ;

Du 15 août pour les vignes ;

Du 1er novembre pour la coupe des bois-taillis.

CHAPITRE XIII

Louage des Domestiques et Ouvriers (art. 15 de la loi du 9 juillet 1889).

§ 1er. *Domestiques de ferme.*

83. L'article 15 de la loi du 9 juillet 1889, dispose que « la durée du louage des domestiques et des ouvriers ruraux, « est, sauf preuve d'une convention contraire, réglée *suivant* « *l'usage des lieux.* »

Ces usages se résument comme suit :

1° Les domestiques de fermes se louent soit à la Saint-Jean (24 juin), soit à la Toussaint (1ᵉʳ novembre).

2° Les gages sont le plus souvent fixés pour l'année entière.

3° L'engagement est suivi de la remise d'une pièce (ordinairement 5 fr. pour les femmes, 10 fr. pour les hommes) à titre d'arrhes ou de denier-à-Dieu.

En cas de dédit dans les 3 jours, de la part du maître, il perd ses arrhes; de la part du domestique, il les rapporte.

Si le dédit n'a lieu qu'après ces 3 jours, mais avant l'entrée du domestique, dans la ferme, la pénalité est double, tant pour le maître que pour le domestique.

Si le domestique, une fois entré dans sa place, n'y reste pas plus de trois mois, les arrhes sont imputées sur les gages.

4° Les bergers, vachers ou vachères et les pages sont réputés loués à l'année.

Mais les charretiers et les hommes de cour ne le sont que pour la durée soit du terme de la Saint-Jean à la Toussaint, soit de celui de la Toussaint à la Saint-Jean.

5° Avant l'expiration de cette année pour les premiers, de l'un de ces deux termes pour les seconds, ils ne peuvent être congédiés, ou quitter eux-mêmes leur service, entre terme, à moins de juste motif et de cause grave.

Dans l'un et l'autre cas et par exception à ce qui sera dit au n° 89, paragraphe 1ᵉʳ ci-après, il peut y avoir lieu à une indemnité, qui, à défaut de conciliation, est soumise à l'appréciation des tribunaux.

6° Quant aux servantes ou autres domestiques plutôt attachés au service de la personne et du ménage et assimilables dès lors aux domestiques *urbains*, ils peuvent comme ceux-ci, être renvoyés ou quitter à volonté, en prévenant 8 jours à l'avance, et pendant ce délai, leurs gages continuent à courir.

7° Les gages annuels se répartissent au prorata du temps réel de service, excepté pour les charretiers et les hommes de cour, ou domestiques employés comme broqueteurs et calvaniers, et pour lesquels, ce paiement au lieu d'être calculé proportionnellement à la durée des services, l'est suivant l'importance de ces services, d'après les 3 termes suivants :

a. Les 4 mois d'été, de la Saint-Jean (24 juin) à la Toussaint (1ᵉʳ novembre), sont comptés pour moitié de l'année ou 6/12, soit, par mois, 3/24, ou, pour les quatre, 12/24.

b. Les 4 mois d'hiver, du 1ᵉʳ novembre au 1ᵉʳ mars, sont comptés pour 2 mois ou 2/12ᵉ, ou, pour les quatre, 4/24ᵉ.

c. Et, enfin, les 4 derniers mois de printemps, du 1ᵉʳ mars à la Saint-Jean, sont comptés pour 4 mois ou 4/12ᵉ, soit, par mois, 2/24ᵉ, ou, pour les quatre, 8/24ᵉ.

8° L'engagement finissant de plein droit, soit après l'expiration de l'année pour les bergers et vachers, soit à la fin de chacun des 2 termes de la Saint-Jean ou de la Toussaint,

pour les charretiers et les hommes de cour, il est d'usage que
si les parties ont l'intention de le renouveler, elles s'en pré-
viennent et s'en entendent une huitaine au moins à l'avance.

84. 9° Moissonneurs . . . .

§ 2. *Domestiques, ouvriers et employés urbains.*

85. 10° Domestiques urbains. — Les domestiques attachés
au service de la personne et du ménage et qu'on pourrait appeler *urbains*, sont loués sans durée limité, que le montant
de leurs gages soit fixé à tant par an, ou qu'il le soit à tant
par mois.

Lorsqu'on est convenu du montant des gages et que le domestique est arrêté, le maître lui donne des arrhes dites
« *Denier-à-Dieu* » qu'il perd s'il ne veut plus tenir son engagement.

Quant au domestique, il se borne à rendre les arrhes s'il
n'entre pas au service. S'il y entre et n'y reste pas plus de
3 mois, les arrhes sont imputées sur les gages.

Les domestiques peuvent être congédiés ou s'en aller eux-
mêmes à toute époque de l'année même sans justifier d'aucun
motif.

Mais le congé doit être respectivement donné 8 jours à
l'avance, pendant lesquels les gages continuent à courir.

86. 2° Ouvriers urbains. — Les règles ci-dessus sont également applicables aux ouvriers loués sans durée limitée et soit
à tant par mois, soit à tant par an, tels que garçons, meuniers,
boulangers et autres.....

87. 3° Employés divers. — Quant aux divers employés ou
commis de commerce, d'industrie, de bureau, de chemins de
fer, non commissionnés, clercs de notaire, d'avoués, d'huissiers,
etc., également engagés sans durée déterminée, le délai d'aver-
tissement, généralement en usage pour se donner respectivement congé est d'un mois à l'avance, pendant lequel temps,
les appointements continuent à courir.....

§ 3. *Ouvriers de l'industrie.*

88 . . . .

88 *bis*. Les maîtres ont l'habitude de verser des à-comptes
sur les gages, mais en conservant jusqu'en fin du louage ou
jusqu'à la sortie, un certain reliquat à titre de garantie de
l'exécution des engagements.

§ 4. Sanction en cas de départ immédiat des gens de service.

89. Lorsque sans motifs légitimes le maître ou le patron veut rompre sur-le-champ le contrat de louage, il paie à l'autre une indemnité qui est de 8 jours de gages pour les domestiques urbains et à déterminer, selon le préjudice, pour les domestiques de ferme.

Toutefois, une règle nouvelle favorable à la liberté du travail tend à s'établir. Il en résulterait que le maître qui, selon l'expression consacrée, reçoit d'un domestique ses 8 jours, n'est pas tenu de les accepter, et qu'il peut exiger le départ immédiat du domestique en lui payant ses gages échus intégralement, mais sans indemnité de part ni d'autre.

La même faculté serait accordée au domestique qui reçoit de son maître ses huit jours.

§ 5. Contrat d'apprentissage.

90. Les obligations réciproques du maître et de l'apprenti se trouvent généralement réglées par la loi du 22 février 1851.

Mais à côté des dispositions légales, l'usage oblige le maître à traiter son apprenti d'une façon paternelle.

Quand il le loge, blanchit et nourrit chez lui, il doit :

1° Le faire coucher sainement et seul.

2° Lui fournir une nourriture substantielle et suffisante sans être toutefois obligé de l'admettre à sa table.

3° Lui remettre du linge blanc au moins une fois par semaine.

4° Veiller à ce qu'il soit propre dans sa tenue de corps et de vêtements.

5° Ne lui infliger que des punitions justifiées et légères, telles que retenues dans les jours de sortie.

6° Ne l'appliquer qu'à des travaux professionnels sans exclure toutefois les menues occupations, telles que l'ouverture et la fermeture du magasin ; le rangement de l'atelier, du magasin ou de la boutique ; la préparation et le rangement des outils ; les petites courses relatives à l'atelier ; le transport d'objets fabriqués, dans la mesure de sa force physique.

7° Lui fournir les outils dont il a besoin.

8° En cas de maladie, le garder à domicile, si l'indisposition ne doit durer que quelques jours, et le faire soigner ; toutefois les dépenses de médicaments et de médecin restent à la charge de l'apprenti.

CHAPITRE XVI

Droit de passage.

91. 1o *Passage sur le terrain d'autrui* (Art. 471 C. P.). —
En règle générale, nul ne peut passer sur le terrain d'autrui,
clos ou non clos sans le consentement du propriétaire.

Toutefois, la loi pénale ne punit que celui qui est entré sur
un terrain ensemencé ou préparé (Art. 471, no 13 C. P.), et les
prairies naturelles sont réputées dans un état de production
permanente.

Si le terrain n'est ni préparé ni ensemencé, le fait de passage
à pied est toléré, mais le passage avec chevaux et voitures peut
donner lieu à des dommages intérêts.

Le cas d'enclave est régi par des règles spéciales (Art 682 et
S. C. C.).

92. 2o *Largeur du passage*. — Lorsque le titre constitutif
de ce droit n'en a pas déterminé la largeur, elle est fixée par
l'usage :

A 1/2 mètre pour le passage à pied;

A 1 mètre pour celui avec cheval, âne ou brouette;

A 3 mètres pour celui des voitures.

CHAPITRE XVII

Egout des toits.

93. D'après l'article 681 du Code civil, tout propriétaire
doit établir ses toits de manière que ses eaux s'écoulent sur
son terrain ou sur la voie publique. Il ne peut les faire verser
sur le fonds de son voisin.

Pour observer cette prescription, le propriétaire qui construit
au long de son voisin doit donc assurer de son côté l'écoulement
de toutes les eaux pluviales de sa construction, soit au moyen
de gouttières, soit en ne donnant à son toit qu'une seule pente,
soit enfin en laissant une bande de terrain intermédiaire dite
égout prise sur lui, entre sa construction et la limite *extrême*
de sa propriété.

Cet égout est, jusqu'à preuve contraire, présumé appartenir
au propriétaire du toit correspondant.

Sa largeur n'est pas déterminée par le Code, mais elle est
fixée dans l'usage :

A 0 m. 25 c. pour l'égout d'un simple mur de clôture.

A 0 m. 50 c. pour celui d'un bâtiment (voir les usages des
cantons de Nogent-le-Roi, Brezolles et Anet).

Les usages ci-dessus s'appliquent à toute couverture aussi bien en chaume qu'en tuiles.

94. Nota. — Les anciens usages de Chartres rappellent une ancienne coutume du pays, confirmée par un arrêt du Parlement de Paris du mois de mars 1627, d'après laquelle le voisin était tenu de souffrir l'égout du toit d'un mur en chaume. Mais en présence des termes généraux de l'article 681 du Code civil, cette ancienne coutume ne peut être maintenue.

CHAPITRE XVIII

Tour d'échelle.

95. Le tour d'échelle était d'après certaines coutumes de l'ancienne jurisprudence, le droit qu'avait le propriétaire d'un bâtiment de *passer* par chez son voisin et d'appuyer chez celui-ci une échelle pour réparer extérieurement son toit ou son mur.

Ce droit était considéré comme une sorte de servitude légale dérivant de la situation des lieux et rentrant dans les obliga-tions ordinaires de bon voisinage.

Dans le département, les usages de Chartres et de Senonches ont rapporté cette ancienne coutume.

Les autres ne l'ont pas mentionnée.

Il résulte des dispositions de l'article 691 du Code civil de 1804, que cette servitude qui est discontinue ne peut plus s'établir que par *titres*.

C'est du reste ce que vient encore de décider la Cour de cassation dans un arrêt du 29 juillet 1889, portant que si l'an-cien droit coutumier, dit de tour d'échelle, subsiste encore aujourd'hui et peut être invoqué, ce ne peut être que *pour faire maintenir un état de choses antérieur au Code civil* et constituant autrefois, selon les localités, soit un droit de pro-priété (sur une largeur d'un mètre environ), soit un simple droit de servitude.

Or, il n'est pas établi que les anciennes coutumes de Chartres, Orléans ou Châteauneuf aient jamais consacré ce droit,

Il faut en conclure que le droit de tour d'échelle n'existe pas à l'état de servitude légale et usagère. Tout au plus pour-rait-on admettre que cette servitude est tolérée à titre de bon voisinage, mais sans qu'il en résulte une obligation suscep-tible d'être sanctionnée par la justice.

CHAPITRE XIX

Chasse....

95 bis. 1° Animaux constituant le gibier de pays. . . .

2° Faits de chasse . . . .

3° Engins et moyens de chasse . . . .
4° Poursuite et capture du gibier . . . .
5° Divagation de chasse . . . : . . . . . .
6° Bail de chasse. . . . .
7° Permission de chasse . . . .
8° Invitation de chasse. . . . .

CHAPITRE XX

Usages pour la vente des grains, foins et pailles, farines, bestiaux, et pour la taxe du pain.

§ 1er *Grains :*

96. Généralement les grains se vendent au sac de 1 hecto-
tre 1/2 (3 mesures) et le sac doit être réglé :

Pour le blé à. . . . . . 120 kil. soit 80 kilog. l'hect.
— seigle à . . . . 115 — 76. 66. — —
— l'orge et le sarra-
zin à . . . . . 100 — 66. 66. — —
— l'avoine . . . . 75 — 50 — —

On ajoute, ordinairement 1 kilog. pour le poids du sac.

§ 2. *Pailles :*

96 *bis*. Les pailles se vendent par quantité de 100 bottes
u poids de 11 kilog. chacune et on ajoute 4 bottes au cent.

§ 3. *Foins :*

97. Le foin se vend au cent de bottes du poids de 5 kilog.
2 chacune avec addition des 4 au 100.

§ 4. *Farines :*

98. Les farines se vendent au sac de 157 kilog.
Cette mesure était rationnelle autrefois, alors que les mou-
ns ne rendant qu'environ 66 kilog. de farine pour 100 de blé,
 réputait qu'il fallait 2 sacs de blé d'ensemble 240 kilog.
ur faire un sac de farine de 157 kilog. Mais par suite du
rfectionnement du mécanisme des moulins, le blé rend au-
urd'hui de 75 à 80 0/0 de farine.
La tradition a néanmoins conservé l'usage de vendre la fa-
ne au sac de 157 kilog.
A ces 157 kilog. on ajoute :
2 kilog. pour le poids de la toile, ce qui fait les 159 kil. qu'on
ncontre dans les mercuriales.

Tous les Comices et Syndicats agricoles ainsi que le Syndicat de la Meunerie Française ne cessent de demander que l'on substitue à tous ces anciens poids pour la vente des farines et des grains, pailles et foins, *l'usage uniforme de la vente au quintal*.

§ 5. *Bestiaux.*

99. La vente des bestiaux se fait d'après leur poids, soit vif, soit en viande nette, et alors *l'usage* est de réputer que 100 kilog. de poids vif représentent en viande nette :

1º Pour les moutons 50 °/₀ ou moitié en moins.

2º Pour les bœufs, vaches et veaux 60 0/0 ou 4/10 en moins.

3º Et pour les porcs 70 0/0 ou 3/10ᵉ en moins.

Les prix, dès lors, suivent la même proportion,

1 fr. le poids *net*, met le poids vif :

A 0 fr. 50 pour le mouton ;

A 0 fr. 60 pour le bœuf, la vache et le veau ;.

A 0 fr. 70 pour le porc.

Il est bon d'ajouter que lors de la vente de ces animaux et particulièrement des chevaux, il est d'usage de leur laisser le licol et la longe qui servent à les attacher ou à les conduire.

CHAPITRE XXI

Taxe du pain.

100. L'usage dans le département est d'ajouter au prix du sac de farine, supposé par exemple de . . . . 50 fr.

Le prix évalué pour la cuisson qui est à Paris de 19 fr. et chez nous de 15 fr., soit 15

Total. . . . . 65 fr.

Ce qui met chacun des 100 pains de 2 kilog. considérés comme produits par sac de farine (bien qu'en fait, ce soit le plus souvent de 101 à 102.), à . . . . 0 fr. 65 cent.
soit le kilog à. . . . . 0 fr. 32 c. 1/2.

CHAPITRE XXII

Rapport entre les nouvelles mesures et les anciennes mesures agraires du Département. — Monnaies.

101. En général l'arpent vaut . . . . . 0 h. 49 a. 50 c.

le setier	0	39	60
la mine	0	19	80
le minot	0	09	90
le boisseau	0	03	30
la denrée.	0	04	14
le quartier	0	12	38
le quart	0	03	09
la perche.	0	»	50

Exceptions . . . .

102. La loi n'oblige à recevoir les monnaies nationales de cuivre que jusqu'à concurrence de 4 fr. 99 c. à titre d'appoint de la pièce de 5 fr.; et nos pièces divisionnaires d'argent de 1 fr., 2 fr., 0 fr. 50 et 0 fr. 20., que jusqu'à concurrence de 50 fr. (Décret du 8 août 1810, art. 2 Loi du 14 juillet 1866, art. 5), et ce, à peine d'une amende de 6 à 10 fr. (art. 475, n° 11 c. pénal). Néanmoins le commerce en général et souvent les simples particuliers reçoivent sans limitation de sommes les monnaies ci-dessus.

TABLE ALPHABÉTIQUE

A Arbres, 3 et s. ; 5 et s. ; 61. — Assolement, 56. — Arbres fruitiers, 61. — Apprentissage (Contrat d'), 89. — Anciennes mesures, 101.

B Bois, 1 et s. ; 68. — Bergeries, 9. — Baux, 13 et s. — Battaisons, 46. — Baux à ferme (clauses types), 66. — Balles, 51. — Ban de vendanges, 80. — Bestiaux, 99.

C Constructions, 9. — Coutumes anciennes, 38-39, 42. — Cabinets d'aisances, 45. — Clôtures, 4. — Contre-murs, 9. — Cheminées, 9. — Contributions, 18 et s. — Coutumes, 38. — Congés, 22, 27, 64. — Clés, 29-30. — Curage des écuries, etc., 47. — Chaume, 48. — Culture en bon père de famille, 57. — Chaumage, 79. — Contrats d'apprentissage, 89. — Chasse, 95 *bis*. — Clauses types des baux à ferme, 66.

D Distances, 5-6 et s. ; 9 et s. — Délais de congé, 22 et s. — Délais de grâce, 29. — Domestiques urbains, 85. — Domestiques de ferme, 83.

E Etables, 9. — Entrée en jouissance, 13, 38-39, 40. — Écriteaux, 28. — Empaillements, 51. — Émondes, 60. — Eaux courantes, 81. — Employés, 87-88. — Egout des toits, 93. — Engrais, 58, 58 *bis*.

F Forges, 9. — Fossés, 12. — Franc-bord, 12. — Fermages, 49. — Foins, 97. — Farines, 98. — Fumiers, 51, 57. — Fruits civils, 1. — Fermier entrant, 38, 42.

G Glanage, 77 et s. — Grapillage, 77 et s. — Gens de service, 90. — Grandeau, 58 *bis*. — Gages, 88 *bis*. — Grains, 96

H Hauts-bois, 3 et s. — Haies, 3-5.

I Immeubles urbains, 13 et s. — Immeubles ruraux, 38 et s.

J Jouissance (Entrée en), 13 et s. — Jardins, 50, 44.

L Locations verbales, 13, 15. — Logements meublés, 17. — Locations au mois, 16. — Loyers (paiement des), 18. — Locaux (répartition des), 42-43. — Lots de terres, 52-53. — Louage des domestiques de ferme, 83.

M Murs, 4, 9. — Moulins, 34. — Marnages, 59. — Moissonneurs, 84. — Mesures, 101. — Menues pailles, 51. — Monnaies 102.

O Ouvriers, 83, 55, 86, 88. — Observations préliminaires, p. 5.

P Pépinières, 2. — Plantations, 5. — Paiement des loyers, 18. — Prairies artificielles, 55. — Pommes (récolte des), 62. — Prés, 68. — Parcours, 70. — Passage (Droit de), 91, 92. — Pailles, 51, 96 *bis*. — Pain, 100.

R Réparations locatives, 31-32. — Râtelage, 77. — Relocations, 28.

S Sous-locations, 21. — Saisie-brandon, 82.

T Terres labourables, 12. — Tacite reconduction, 67-68-69. — Tour d'échelle, 95. — Taxe du pain, 100.

U Usufruit, 1 et s.

V Vignes, 3-7-80. — Visites de lieux, 28. — Vidange des fosses, 33. — Vaine pâture, 70-71-72 et s. — Vente de grains, paille, foin, farine, bestiaux, 96, 96 *bis*. 97, 98, 99. — Volailles, 44.

CHARTRES. — IMPRIMERIE GARNIER.